161 275820

ro
ro
ro

Two week

Please return on or before the

«Österreich braucht eine Stimme wie die Elfriede Jelineks. Der Hass vieler wird ihr weiterhin sicher sein. Und die Bewunderung anderer.» (Badische Zeitung)

«Wie raffiniert die Autorin ihren Zorn sprechen und die Sprache traktieren läßt, bis sie die Wahrheit sagt.» (Radio Kultur)

Elfriede Jelinek, geboren 1946 in Mürzzuschlag / Steiermark, wurde berühmt durch ihre Romane «Die Klavierspielerin» (rororo 23166; verfilmt mit Isabelle Huppert), «Lust» (rororo 13042) und «Gier» (rororo 23131). Sie erhielt zahlreiche Auszeichnungen, so 1998 den bedeutendsten deutschen Literaturpreis, den Georg-Büchner-Preis. Elfriede Jelinek lebt in Wien und München.

Elfriede Jelinek

MACHT NICHTS
Eine kleine Trilogie des Todes

Rowohlt Taschenbuch Verlag

Dieser Titel erschien erstmalig
im November 1999 in der Reihe
Rowohlt Paperback
Veröffentlicht im Rowohlt Taschenbuch
Verlag GmbH,
Reinbek bei Hamburg, April 2002
Copyright © 1999 by Rowohlt Taschenbuch
Verlag GmbH,
Reinbek bei Hamburg
Umschlaggestaltung any.way, Cathrin Günther
(Foto: Bilderberg)
Gesamtherstellung Clausen & Bosse, Leck
Printed in Germany
ISBN 3 499 23161 1

ERLKÖNIGIN

> Eine berühmte Burgschauspielerin, die tot ist, wird soeben
> dreimal um das Burgtheater herumgetragen. Sie sitzt im Sarg.
> Die Knochen stehen ihr überall heraus. Ab und zu schneidet
> sie sich ein Stück Fleisch heraus und wirft es ins Publikum.
> Hinter ihr, auf die Fassade des Burgtheaters, die mit einer
> riesigen Leinwand verhängt ist, werden, ebenso riesig,
> Amateur-Ferienfilme aus dem ländlichen Raum, mit fröh-
> lichen Menschen in Tracht oder Badekleidung, projiziert.

Ja, da hab ichs mir gemütlich gemacht. Bitte schaukeln Sie nicht so mit meinem Haus! Ich gebe nur heute, nur dieses eine Mal, anläßlich dieser eingeschobenen Vorstellung, bei der einmal ich herumgeschoben werde, das letzte. Sie können es ruhig nehmen, mehr kriegen Sie nicht. Obwohl ich alles davor jahrzehntelang angespart hatte. Bald wird es wieder vorbei sein. Der Tod ist doch normalerweise das größte Ereignis, alles ist klein im Vergleich zu ihm, sagt der Dichter mit Worten, die mir viel geben, aber nichts sagen. Na, ich habe schon größere Ereignisse erlebt. Meine Premieren in Anwesenheit der höchsten Uniformierten, dieser Vormieter der Ewigkeit. Leute mit Armbinden, Ordner, die den Schlüssel zu dieser Ewigkeit hatten und Millionen durchwinkten. Ordnung muß sein. Der Tod trägt heute ein Stück Stoff um den Arm. Von mir aus kann er auch einen weißen Mantel oder meinetwegen ein Dirndlkleid tragen. Ich für meinen Teil habe zumindest das Spital hinter mir. Nichts regt sich mehr. An mir haben Sie etwas, das Ihnen bleibt! Gar so schlimm kann der Tod also auch wieder nicht sein. Denn das Leben dient ihm als Vorlage. Hätte er nur etwas mehr Geld ausgegeben und eine etwas bessere genommen, zum Beispiel die Kunst, die ewige, ich hätte mich zum Tod eventuell überreden lassen! Das Meine kommt davon, weil es bleibt. Andre kommen nicht davon. Letztlich kommen wir beide, ich und mein Eigentliches, die Schauspielerei, nicht davon. Es hat uns erwischt. Doch unsre besten Stücke bleiben noch eine Weile da, sie stehen Ihnen auch nach der Sendung noch zur Verfügung, bis zwanzig Uhr bleiben wir am Telefon. Bis dahin sind hoffentlich alle unsre heutigen Tiere, die in Menschen wohnen, vergeben, damit sie jemand andren um Vergebung bitten können.

Liebe Zuschauer, Sie haben hoffentlich ein Videogerät. Mir nützt es nichts mehr. Ich war immer recht strapazierfähig und sah auch so aus. Diese Macht, die ich zu meinen Lebzeiten über Ihre Gefühle besessen habe – da staune ich selbst heute noch. Der Ärger daran war: Diese Macht duldete mich nie wirklich als ihren Besitzer. Sie hatte immer schon einen, der mächtiger war. Aber der hat dann zum Glück mich ermächtigt. Ich hatte die Macht des Stellvertreters einer Macht, die ungenannt bleiben wollte, aber ihren Namen überall, auch durch meine Hand, hingeschrieben hatte: Wir! Wie alle! Wie jeder und doch angeblich ganz anders! Vielleicht war das mein Geheimnis. Ich sah ja aus wie von Ihnen daheim jeden Tag frisch, noch dampfend vor Mühe, auf den Tisch gebracht. Die Mühe einer Hausfrau sollte man an meinen glühenden Wangen sehen! Alltäglich, aber doch: was Besondres. Ja, ich stand mit beiden Beinen fest auf der Bühne. Dort war ich die Gastgeberin, der die Gesellschaft große Aufgaben gegeben hatte. Inzwischen werden die Menschen nur mehr im Fernsehen sympathisch, wie meine Töchter längst wissen. Ich hatte die Macht, die ich über Sie hatte, mir nur geliehen, während meine Töchter sie mit vollen Pausbacken ausgeben. Obwohl sie ihnen gar nicht gehört. Geliehen. Und zwar von Ihnen! Das wußten Sie nicht, was? Sie hätten wirklich was Besseres damit anfangen können als sie in Gestalt dieser rechten und billigen Kopie von Familienserien ausgerechnet meinen Töchtern zu geben! Die kauen jetzt an Ungerechtigkeiten, die eine darf, die andre nicht. Unter uns gesagt. Da hätten Sie ja gleich mich behalten können! Ist doch netter, wenn man zuschaut, wie jemand schreit, weint und umkommt, als wenn eine Frau, die sich nicht wandeln kann und daher ihr Gewand zu Hilfe nehmen muß, um jemand andrer zu werden, über eine Freitreppe schreitet, die mit Freiheit auch wieder nichts zu tun hat. Einmal Schloßherrin immer Schloßherrin. Auch als Hausmeisterin. Das klebt. Das bleibt. Ein Glück, daß Sie das alles nicht merken und nie gemerkt haben! Zum Beispiel der Wolf, der Sie damals, gleich nebenan auf dem Platz, mit der weit aufgerissenen Schnauze an der Schulter berührt und angespuckt hatte, jeden der da war, und dann war dessen Flegelhaftigkeit auch schon ausgetrieben. Er durfte ruhig selbst zum Tier werden und seine Milchzähne an einem Faden zeigen, bis endlich wieder Ruhe war und der Applaus aufbrandete, alles über und über mit Gischt und Geifer bespritzend. Bis Sie alle entsetzt von Ihren Plätzen aufstanden. Zu spät.

Sie waren schon voll. Wir waren schon weg. Wer sollte diesen Wasserbrand je wieder löschen, da er ja nicht einmal dem Wasser gehorchen wollte? Von mir aus kann der Applaus endlos dauern. Ich weiß, wie ich es anstelle, daß die Leute sich für mich anstellen, nur um mich dann auf brennenden Scheitern schreiten zu sehen, an die ich selbst die Lunte gehalten habe. Ich muß immer, in jeder Rolle, so aussehen, als ob der Boden unter mir brennt, weil ich mich so angestrengt habe. Bretter, die die Welt bedeuten, aber zum Glück nicht sind. Da hab ich denn doch eine solidere Basis. Die Bühne ist der Ort, wo wir unsre Seele abgeben und eine kleine Marke dafür bekommen. Damit wir wissen, wohin wir unser Innerstes abschicken können. Ich habe frankierte Autogrammkarten, ein paar sind noch übrig. Die heutigen Schriftsteller werden die Lücken im Text, die unsre vergilbenden Fotos hinterlassen, niemals ausfüllen können. Ohne unser Feuer können sie nichts! Sie sind nicht mit genügend Kohle gesegnet und können sich nicht einmal selbst entzünden. Sie sind wie Mumien, die unnötigerweise auch noch eingeschlafen sind. So verbrennen wir uns die Finger an uns selbst, weil Sie kein Feuer für uns haben. Uns wurde zugejubelt. Sie klatschen in die Hände. Das tun sie heute noch!

Manchmal frag ich mich bei soviel Toten: Wer lebt eigentlich noch? Wieso leben immer noch so viele? Wieso denn nicht ich? Hab ich das nicht schon mal gesagt? Macht nichts. Ich bin geduldig. Einmal entläßt auch das Grab seine Toten, aber den ausständigen Lohn will es ihnen nicht zahlen. Ich gehe sofort zur Gewerkschaft der Toten,

denn der Tod darf kein Unglück mehr sein. Er soll uns die Erinnerung ans Leben gefälligst lassen. Ich will alles immer wieder und noch einmal erleben. Es war einmal, da habe ich die Macht bis ins Innerste meiner Hose hinein gespürt, jedes Mal wieder, wenn ich auf der Bühne erschien. Gerade weil die Macht eben doch nicht meine war, habe ich sie umso wohliger gespürt. Ja, ich hatte was von mir und mit mir vor! So richtig was zum Hineinkuscheln! Rein aus Wollen! Ja, man muß es mit aller Kraft wollen, dann geht es! Der Schein ist das wichtigste. Dann schenkt der Führer uns sogar eine besonders schöne Stadt ganz für uns allein, wenn wir die Seinen scheinen, lachend mit unsren Pfunden wuchernd, die wir ihm dann auch noch anvertrauen dürfen. Wer hat uns die Zinsen gestohlen? Die Macht ist leider namenlos wie nur wenige es freiwillig sein wollen, wohin also sollen wir ihr schreiben? Die meisten von Ihnen sind schon zu Lebzeiten, als wären sie überhaupt nicht. Andrerseits braucht die Macht keine Namen, auch wenn sie manchmal welche bekommt. Sie tritt dann unter diesen Namen nur auf, lebt aber woanders. Sie hat auch das Recht sich auszuruhen. Wir sind ihre Künstlernamen!
Wohin soll ich mich wenden? Ich habe nicht angestrebt, jahrelang auf der Bühne Küchendienste zu verrichten. Ich wollte lieber die Mutterstelle einnehmen. Die Dienerin als Herrin. Die Rolle der Dienerin wäre natürlich gespielt gewesen wie alles andre, nur besser. Weil diese Rolle mir besser liegt. Es fühlen sich so viele mir gegenüber als Kinder. Sie sehen zu mir auf. Bitte, ich könnte auch alle andren und alles andre spielen! Wo ich auch hinkam, ich hatte den Ruf, eine Bescheidene zu sein. Manchmal ist er mir vorausge-

eilt, gemeinsam mit dem Ruf zu unterspielen: ein Kopf an Kopf-Rennen! Die beiden Rufe, die mich vor den Vorhang zerrten, haben sich oft spielerisch gebalgt wie Tiere. Anschließend haben sie friedlich gemeinsam aus einem Napf gefressen. So wurde ich groß und stark, indem ich mich kleingemacht und dann allen andren vorgesetzt hatte. Nie wurde ich dabei weniger.

Schauen Sie, dort, Mann und Schwager: auch diese Zwei – wilde Hunde im Garten unsrer Villa. Kleine Mädel am Zaun mit Zuckerlfingern. Alles so süß, wie wirs immer gewohnt waren und gewollt hatten! Eine Schokoladentorte kann Leben retten! Mein lieber Mann! Daß der diese Torte noch erleben durfte! Als ein bettlägeriger Kranker, der sich, inmitten all der Toten, an einer riesigen Torte überfressen hatte. Lag flach. Konnte nicht mehr vom aufgedunsenen Mantel des Todes gestreift werden, in den der Volkssturm gefahren war. Blieb übrig: Macht, was ihr wollt, aber ohne mich! Was für ein Glück, denn von diesem verlorenen Stück Tuch ist dann nichts zurückgeblieben als ein paar dürre, zusammengescharrte Äste. Hoppla, jetzt komm ich und bringe neuen, frischen Wind! Auch wenn ich einmal bitter bin, bin ich doch an diesem bittren letzten Ende: süß. Im äußersten Fall zartbitter. Die Schokoladenseite der Zeit ist vorbei, weil meine vorbei ist. Ich lade Sie ein: wie viele gemeinsam ergeben mich? Ich ergebe mich nicht. Nicht Ihnen! Zornige Torten warten auf Tischen, der Schlagedrauf, das Gipfelkreuz aus schneeigem Obers an ihrer Spitze biegt sich im Sturm. Doch hier geben Menschen den Ton an! Diese Torten sind nicht käuflich zu erwerben. Die Dichter schließen Lücken im Leben. Bitte, gebe ich Ihnen halt doch ein Stück von mir, als wärs ein Stück von mir. Hab ich schließlich selbst gebacken! Wohl bekomms! So, ich warte besser noch ein wenig. Auf mein eigenes Dreimäderlhaus, daß es endlich heimkommt, damit ich ihm die Fenster herausreißen kann. Das hab ich immer so gemacht. Und immer noch wollten sie nur mir, der Mutti, gefallen, die drei. Meine Augen gehen aber lieber wandern, über Stumpf und Stiel.

Die Leute dürfen einfach alles von unsresgleichen sehen, wohl damit sie uns gleichen. Ja, sie müssen sogar! Wenn sie den Blick abwenden, weil sie von uns geblendet sind, richten wir ihnen die dicken Waden, die ihre Köpfe, nicht zuletzt durch uns, bekommen haben, entschlossen wieder nach vorn! Wenn nötig mit Gewalt. Stars gibt es heute nicht mehr. Meine Mädel sind dennoch schon so geringschätzig wie ich früher, scheinen zu grüßen, zu lächeln, und sind doch nichts als saftige Fleischstücke, zu lang gelagert, auf denen – für meinen Geschmack etwas zu oft – die Kameras surren wie die Fliegen. Überständiges Fleisch, das auf Aufgaben wartet, doch es ist träg. Trotzdem kennt man sie beinahe überall, außer in der Wildnis. Sie sind lieber ein gepflegter Garten mit geköpftem Steinpflaster und amputierten Bäumen. Drei Generationen von mir, Uroma, Oma, ich, und es geht weiter, meine Herrschaften. Die nächsten sind bereits in mindestens einem Mercedes angekommen, mit Lebensgefährten, die ihnen ihre Möglichkeiten entnehmen wie Austauschmotore. Werden einmal hier eingebaut, einmal dort. Immer das gleiche Ergebnis. Ja, bei uns zieht eine jeweils die andre aus sich hervor, und die werden dann von andren Menschen ausgespielt und eingestreift oder liegengelassen. Spielbälle sind sie und sollten doch lieber selber spielen. Allerdings, wenn man sich das Fernsehen gescheit offenhält, wird man darin mit der Zeit groß und stark, die Zeit allerdings braucht man dafür. Zu spät sollte es auch wieder nicht sein. Erst muß eine groß werden, dann sinds die andren automatisch. Und dann werden sie alt, ohne alt geworden zu sein.

Die Mädel sollten eigentlich bescheidener sein! Wie ich sollten sie sein. In einem Film, der wie jeder andre ist, sind sie bereits bescheiden geworden. Nur merkt es keiner. In diesem Film spielen sie, daß die Liebe das Schönste auf der Welt sei. Wer ist denn schon nur eine einzige, außer sie liebt? Meine Töchter sind ihrer drei. Sie sollten jede Person in einer einzigen Person sein, das gefällt dem Publikum. Da hat es alles ordentlich zusammengefaltet und zusammengefaßt und im Kasten. Und alles frisch weißgewaschen. Die eine, die sie sind, ist möglicherweise, egal was sie grade spielt, eine Stämmige, eine Landfrau. Schauen Sie, wie formbewußt ihr vollmundiges Gesicht, das, als es verteilt wurde, in meinem Inneren mindestens zweimal darum gebettelt hatte, wie ich zu werden! Nun, es hat also seine Form erhalten, wie gewünscht. Jetzt braucht es nur noch ein paar Kniffe an den richtigen Stellen, dann sitzt es und ist natürlich zu faul zum Aufstehen. So tun sie sich den Genuß an, alle drei, daß an sie gedacht wird. Jeder, der kein Gesicht gesehen hat, fragt sich unwillkürlich, ob nicht doch eins da war. So ergeben sie, ordentlich erhitzt, ein gut gefülltes Glas Dreifrucht-Marmelade. Das ist doch recht ergiebig, oder? Na, wie habe ich die gemacht?

Ich habe mich lieber selbst gemacht und mich dann vollständig dem Film ergeben, und dann habe ich mich dem Theater vollständig übergeben, nein, umgekehrt. Das Theater war eher zuvorkommend, es hat immer auf den Film Rücksicht genommen. Ich habe im Licht mein Gesicht gezeigt, vielleicht zu oft, und nicht einmal meinen Töchtern konnte ich dieses Gesicht danach ersparen. Das war wiederum praktisch, da die Leute es ohnedies bereits kannten. Wozu das Publikum neu anlernen? Es will ohnehin nur, was es schon kennt. Damit es eine Neuentdeckung gab, konnte ich nicht jedes Mal einen neuen Menschen aus mir machen. Das wäre wirklich zuviel verlangt gewesen. Besser, Sie gewöhnten sich beizeiten an mich und dann an drei andre wie mich. Ich bin natürlich die Hauptspeise. Ich bin eine in drei Personen, wie Gott. Und es gibt noch drei Abkömmlinge von mir, die tragen, ob sie wollen oder nicht, mein Gesicht vor sich her. Laterne, Laterne! Man sieht das gezückte Gesicht, bevor man noch ihre stets elegant aufgedunsenen Kleider unter der Wucht einer Kamera zusammenzucken sieht. Diese Kleider sind nun wirklich nicht mehr zu verwechseln, die Gesichter höchstens mit meinem eigenen, zum Glück mit keinem andren. Sie lüften sich beinahe jeden Tag öffentlich aus, die Mädel, aber immer nur mein Todesstaub fällt aus ihnen heraus. Es ist nur Leere um sie herum. Sie waren immer schon so wie ich erst heute bin: mit einem Namen versehen. Na, ein Versehen war das nicht!

Jeder trägt sein Ablaufdatum, weil das Leben ein Abfahrtslauf ist. Immer hinunter. Nur wenige dürfen hinauf. Keinem bleibt seine Gestalt. Ich meine seine Figur. Zum Glück hatte ich nie eine. Ja, was ich wollte, war immer bloß dieser Name, und den hatte ich. Die Töchter haben jetzt auch einen, allerdings keinen für sich allein. Mein Prinzip ist: Beglückung statt Ärger! Also meinen Namen nehme ich mir aber mit, als Reiseproviant sozusagen, für die Mädel bleibt noch genug übrig. Auch aus ihrem Vater habe erst ich etwas gemacht, das mehr ist als ein Vater. Den habe ich geformt. Und seinen Bruder hab ich gleich in dieselbe Klasse mit aufgenommen, obwohl er älter war. Beide hatten große Schwächen. Sie sagten oft zu mir: Was diese Frau so alles kann! Der Schmied hat sein Eisen von mir persönlich erhalten. Die Buben wollten sich, allzu modisch, Eichenlaub und Schwerter draus machen lassen, nichts da, ich habe ihnen erst mal eine goldene Stimme, Messer und Gabel in einem, in bescheiden klassischer Form anfertigen lassen, elegant, das mußte genügen. Ist auch heute noch modern. Zeitlos! Ja, Eisen gab ich für Gold. Die können wir uns an den Steirerhut stecken, die Stimme. Nun sind wir alle drei tot.

Die Macht ermächtigt sich immer selbst, mich aber haben Sie ermächtigt, meine Damen und Herren. Schön blöd von Ihnen! Jetzt stehen Sie da und wollen auch noch den letzten Tropfen aus mir heraussaugen, während schon die Geiger über Ihnen kreisen und die Volkslieder bereits ungeduldig werden, daß sie endlich auf Sie hinunterstoßen können. Im ORF-Shop können Sie dann wieder einmal und immer wieder eine Wiedereinmalkassette mit uns beliebten Stars erwerben. Immer das gleiche. Sie können es sich aussuchen und suchen immer nur das gleiche, nur Sie allein haben die Wahl unter fünf völlig identischen Kassetten, auf denen wir unsere Identität wechseln wie unsre Wäsche. So leicht. Schaut aber schwer aus. Bei manchen Schauspielern ist es umgekehrt. Immer wir sind es nachher gewesen, wenn wir gelobt werden. Nicht wir sind es, die man tadelt. Ja, das sind menschliche Lieder, und Sie können sie kaufen! Sowas gibts heute nicht mehr. Sie sind zum Auffressen lieb, die Lieder, wie wir. Geduld. Im Fernsehn gehe ich auch heute noch öfter gemütlich spazieren, mit meiner starken Figur. Ich habe alles noch von früher. Viel Schrot, viel Korn in seiner ursprünglichen Gestalt von Ähren und Erde. Mein Ehrenbegräbnis wird hoffentlich rasch wieder zu Ende sein, damit ich endlich wieder unter mir bin.

Was für eine Menge Sie sind! So erfülle ich Ihre Gemüter, die früher wie Fleischerhunde nach mir geschnappt und alles von mir verschlungen haben. Das schaffe ich nach wie vor! Immer! Ihre Gemüter sind wie ein Kurhaus, immerzu wollen Sie sich in sich selbst erholen. Was Sie da von mir erwischt haben, lassen Sie mal sehen, das ist nichts als ein Stück Fleisch, Sie haben es bloß nicht erkannt, weil es in Samtkissenform aufgetreten ist. Das Fleisch ist sozusagen stofflich geworden. Das ist auch der Grund, weshalb es so schwer wegzuräumen ist und Jahre braucht, bis es verrottet ist. Das hätten Sie nicht gedacht, was? Oder haben Sie das etwa so gewollt? So, nun soll es also eifrig im Fernsehn auferstehen, hat sich aber vorher gar nicht richtig hingesetzt. Daß Sie meine Fülle nicht merken, wenn Sie reinbeißen! Daß Ihnen nur die Füllungen nicht rausfallen, weil ich so klebe! Jedes Mal wurden Sie ein wenig dümmer vor lauter Idealismus, den Sie dem Zarten der Dichtung gewidmet hatten, aber letztlich habe doch immer ich alles bekommen. Was den Dichtern zugedacht war. Ich konnte etwas Tieferes, Besseres damit erzielen! Das Fett tropft mir immer noch vom Kinn. Und Sie haben fürs Wort immer wieder mich heimgezahlt bekommen. Ihr Irrtum, nicht meiner! Ich hatte bessere Verwendung für meine Ideale, wo dieser wunderbare Mann mit den blauen Augen und den bekannt schönen Händen so ruhig hier auf der Menge lag wie Licht von keinem Scheinwerfer. Wen wundert es, daß ich, mit Macht über Menschen ausgestattet, die nicht einmal ihrer selbst mächtig waren, eine stärkere Macht gesucht habe, denn meine war ja auf Sandmännchen wie Sie gebaut.

Deshalb hab ich ja immer so mächtig untertrieben beim Spielen. Man sollte mich aufheben und schauen, was dahinter ist, so natürlich habe ich gespielt. Sie haben nichts gefunden, also haben Sie mich selbst aufgehoben. So lang tun Sie das jetzt schon. Ich habe gespielt, als könnte ich mich nirgends verbergen und war doch so breit, daß ich mich notfalls hinter mir selbst hätte verbergen können.

Keine zwei Menschen sind gleich. Ich bins auch nicht. Sie sind mir zum Beispiel völlig gleich! Toll! Spiele ich halt den dritten, der endlich ganz anders ist. Gelernt ist gelernt. Ich spiele, als wäre ich jede und keine. Hinter mir das Volk. Ich brauche es für den Applaus. Die Jungen kennen mich heute gar nicht mehr. Nur die Älteren, die einmal etwas Großes gesehen haben, verzehren sich mitsamt der Wurst auf ihren Broten immer wieder aufs neue nach mir, wenn sie mich in der Zeitung oder auf dem Bildschirm aufspüren. Heute gibt es ja nichts Großes mehr, außer dem Schifahrer, der aufs Ziel zustößt oder dem Rennfahrer, dem etwas andres zustößt. Doch nur ich wurde davon groß, sie wurdens nie. Sie warten darauf, daß sich, wer will, in Gewittern bewähren kann.

Schauspieler gehören heute zu den sogenannten Nebensächlichkeiten. Schade um die Zeit! Schande über die Zeit, wenn es nicht unsre ist! Zum Glück wird sie Vergangenheit, und dann ist sie mit Sicherheit nicht mehr unsre. Immerhin, nicht jeder hat eine Vergangenheit. Ich spielte damals gern Frauen aus dem Volk, damit es glaubhaft wurde, daß auch ich vieles runterschlucken mußte. In Wahrheit war das alles ungeheuer interessant! Ich hätte uns noch so viel zu geben. Schade um mich! Was von mir kommt, kommt von vielen anderen, die meine Eingangstür benutzt haben und nie mehr rausgekommen sind, außer in meiner Gestalt, die wie jede andre ist. Auch ich bin das Volk. Ich bin ganz allein das Volk. Ich ganz allein bin ein ganzes Volk, weil ich so vielseitig bin. Und ich wußte, was ich sein wollte: volkstümlich, aber nicht für alle! Volkstümlich für die einen, für die andren: eigentümlich. Früher haben sie noch geschaudert vor dem Großen, das immer gleich hinter mir stand und mir jederzeit zur Hand war. Daher mein Rückgriff auf die Menschenmasse als solche. Ein einzelner kann einen nicht stützen, wenns drauf ankommt. Deswegen hab ich das Große immer gesucht und mich dann genau davorgestellt! Als Gernegrossistin. Alles verbilligt, was ich zu geben hatte. Aber nur, wenn mir nichts andres übrigblieb. Es war alles glänzend, groß, prominent, auch wenn ich es klein gemacht hatte. Ich hatte es absichtlich klein gemacht, damit es Ihnen groß vorgekommen ist. Damit Sie sich groß vorgekommen sind.

Meine lieben Wiener! Ich bin eine von Ihnen! Es soll keiner wagen, sich etwa vor mich zu stellen. Er würde sonst merken: er ist verschwunden. Der einzelne darf nicht bis drei zählen können, besser er zählt überhaupt nicht. So, da hätten wir sie wieder, die Lieder, die haben dazumals auch schöner geklungen als heute. Süßer die Glocken nie. Das war noch ein Volk! Wie ich. Das ist ein Lied! Ich komme aus meiner Hochachtung fürs Volk gar nicht mehr heraus, aber bitte, da muß doch irgendwo ein Weg sein, damit ich es wieder verlassen und heimgehen kann. Man wird ja nur noch volkstümlicher, wenn man sich nicht sehen läßt. Ich weiß, das klingt seltsam. Doch dann glauben die Leute, man sehe aus wie sie, obwohl sie längst nicht mehr wissen, wie man aussieht. Den Willen dazu hätte ich ja. Eine aus dem Volk. Wie Sie. Das Massenwesen wird jetzt entkleidet. Auch sein Fleisch muß es an der Garderobe abgeben. Was trägt es heuer denn so drunter? Sieh an: mich! Im Sturm unter den Röcken stehe ich auf! Ich bin ja mehr wie alle als alle. Ich komme also zum Vorschein. Schade, daß das jetzt endgültig mein letzter Weg ist. Ich höre eine Klingel: ich bin dran, damit ich etwas gebe. Das heißt, ich bin plötzlich mitten unter Ihnen.

Hätte mich gern noch in Sicherheit gebracht vor Ihrer Gier nach mir, Senioren und Senoritas. Ich bin halt eine aufgeblasene Gretl gewesen, aber Sie haben das nie gemerkt, Sie waren viel zu beschäftigt, sich selbst aufzublasen, damit auch Sie nach etwas aussahen. Leider sieht man die Form ja erst, wenn man Luft hineinleitet, und die Luft muß durch Atmen erst erzeugt werden. Je weniger Leute atmen, umso mehr Wind müssen dafür die andren machen. Unter uns schrecklichen Gretchen wackelt der Boden. Der Boden ist geräumt worden, damit wir Gestalten immer in unsrer eigenen Lichtgestalt auftreten konnten. Was uns das Energie kostet! Sie, meine lieben Zuschauer, müssen selber gute Figur zu meinem bösen Spiel machen. Diesen Fehler werden dann Sie mit in Ihr Grab nehmen! Ich kann machen was ich will. Keiner weiß was ich will, aber alle wollen es auch. Das Publikum. Es hält keinen und gleichzeitig einen großen Abstand von mir, durchbricht nie die Stricke, mit denen ich es feßle. Und es ist gefesselt worden, damit es nicht über mich herfallen konnte.

Über das Gebaren der Menschen stellte ich meine Gebärden, und diese Gebärden wiederum erkannten die Menschen an mir als die Ihren wieder. Dafür hätte auch ein

Spiegel genügt. Einfach sein. Wie jeder sein. Das ist das Geheimnis meines Klangs. Glauben Sie, ich hätte einen solchen schönen Erfolg haben können, wenn ich nicht einfach wie Sie gewesen wäre, ich meine, wenn ich nicht einfach gewesen wäre wie Sie? Nur viele, alle von Ihnen auf einmal? Auf einem Haufen? Da steht wieder einer vor Ihnen auf einem Balkon, und sogar seine Stiefel sind tüchtig durchgewichst worden. Er schafft es, daß jeder einzelne, der ihm von unten zubrüllt, alles was er sagt und tut als seinen, des Zuschauers eigenen Willen, wiedererkennt. Genau das hat der Zuschauer immer schon gewollt, zum Führen anerkannt werden. Er hat nur nicht gewußt, daß er es gewollt hat. Aber ich habe ihm geholfen, daß er es erfuhr. Auch das Unterspielen muß man gewaltig machen, wie alles andre.

Gleich breche ich los und unterspiele jeden von Ihnen! Und oben verschmiere ich noch ein wenig die Glasur. Die Macht begibt sich jetzt auf den Bauernhof, um zu sehen, wie sie auf dem Land mit all seiner Wohlgemeintheit ausschaut. Lachende Menschen in Liegestühlen. Die zahmeren Kollegen daneben, die Schäferhunde, Frauen in Dirndlkleidern, in Technicolor. Genauso einfach ist es, als Trachtenbündel da vor Ihnen zu stehen und sich die Ruten unter dem Rock hervorziehen zu lassen. Der Wolf legt sich gern unter unser Spiel, als Belohnung, die jeder in sich selbst trägt. Unser Spiel ist sein Dank. So kann jeder ein Wolf werden und sich danach am Sommerfrischetankwagen wieder aufladen lassen.

Die Massen zerren an uns. Wollen immer wissen, wie wir sind, wenn wir nicht spielen. Es gibt welche, die spielten einst so gut, daß die Leute zu spät gemerkt haben, daß sie gar nicht spielten. Oder waren sie erleichtert, daß einmal einer nicht mit ihnen spielte? Daß er es ernst meinte, indem er spielte? Sie wurden also sofort ihres Massenwesens entkleidet und zu einer Partei gemacht, also im Grunde wieder zu einem allein. Das ist erst dann wichtig, wenn man sterben muß. Das war ja auch der Zweck. Sie starben allein, aber als eine Menge.

Wie sollen die Massen zu ihrem Anführer gelangen, wenn sie ihn nicht vorher zerfetzen dürfen, um an all das gute Futter zu gelangen, das er ihnen versprochen hat? Der Fährmann gibt sein Leben für sie und erhält es als seinen Lohn zurück, fürs Überqueren des Flusses. Und dann nimmt er dafür ihr Leben. Auch ein Paket Essen gibt er ihnen. An Stelle des Futters kam dann aber mein Auftritt bitte, ja, genau an dieser Stelle. Meine Rolle: Ich besänftigte sie, damit sie ihren Rudelführer nicht zerrissen, sondern sich für ihn zerreißen ließen. Brot für alle? Das geht nicht. Spiele für mich? Das geht schon.

Da wird das Volk also zur Macht, aber da man die Macht nicht kennen darf, kennt es sich selbst nicht. Es gibt bewußte Schauspieler und solche, die nicht wissen was sie tun. Sie werden dann später behaupten, sie wären bewußtlos gewesen, als sie es taten. Ich zeige dem Volk, wie eine Frau aus dem Volk ist. Wie eine Frau aus dem Volk spielt, daß sie eine Frau aus dem Volk ist, damit das Volk selber immer wieder sich selbst dienstbar gemacht wird. Wozu es schließlich gebraucht wird. Wie ich muß einfach jede Frau sein! Doch indem Sie mich im Theater, auf der Leinwand besaßen, glaubten Sie, sich endlich selbst zu besitzen. Der größte Irrtum! Na, der Fuhrmann berichtigte ihn auf lange Zeit. Er hat sie damals alle abgepflückt, wie sie da auf ihren kümmerlichen Ästchen in seinem Fuhrpark saßen und nach Beachtung tschilpten. Beachtet hat er sie, das läßt sich nicht leugnen. Da zogen sie vorbei, die schweren Flanken der Ochsen! Ich, die Magd Gerti, mit ihrer Gerte gleich daneben, um mit jemand zusammen den Tod aufzusuchen und zu diesem Zweck ein Kostüm in Dirndlform auszusuchen. Das machte was her, da konnten sie sich nicht mehr beschweren.

Keiner wurde vergessen. Sie zerrten am Gewand des Furchenziehers und an seinem Guck und Horch-Auto, damit er wenigstens sich selbst einmal aus der Tür herauswarf und dann zu ihnen hinausstiefelte. Um sich einmal in der Natur anschauen zu lassen, seinem eigentlichen Element, denn seine Herrschaft schien naturgegeben. Dann trat er allerdings ins Volk ein. Das hätte er vielleicht nicht tun sollen. Er hätte Natur bleiben sollen, dann hätten sie sich wohl auf ewig wohlig in ihn hineingeschmiegt. Die Türen sind ja bei jedem Volk grundsätzlich immer sperrangelweit offen. Sie könnten ja was versäumen! Sie könnten ihren eigenen Tod versäumen! Herein mit den Neuigkeiten zum Volk! Marsch, ins bunte Blatt!

Der Zuschauer läßt sich jetzt, da er gereift ist und zum zweihundertsiebzigsten Mal aus der Geschichte gelernt hat, endlich recht süffig trinken. Auf ihm ist, als er noch in seinen Trauben und im Reifen war, viel herumgetrampelt worden. Er weiß ein für allemal, was er zu sagen hat, wenn er uns sieht. Der Zuschauer. Er spricht in Zungen, besoffen von sich. Das Volk als sein eigener Schauspieler. Jeder sein eigener Hauptdarsteller! Braucht mich eh nicht mehr. Der Zuschauer hat einmal geglaubt, selber mächtig werden zu können, doch er war fest in unserer Hand. Inzwischen gehört das Volk sich wieder und weiß, was sich gehört. Jeder jedem ganz allein! Keine Ahnung, ob mir das gefällt. Früher war es schöner.

Ein Hindernis wird gerade aus dem Weg genommen und ein höheres aufgestellt, denn die Macht braucht Abstand, nicht Kontrolle, damit man ihrem bösen Geschlecht beim Steigen zuschauen kann. Nein, ihre Natur ist das nicht, daß sie mehr wird, es ist halt so, daß alle in sie eingegliedert werden, weil sie alle dasselbe wollen. Wie viele sind von Ihnen noch übrig? Bitte aufzeigen! Ich sehe, wir haben noch genügend von Ihnen vorrätig, aber nicht mehr lange. Na danke, das wär was, wenn mein liebes Publikum weniger würde, ausgerechnet indem es mich immer mehr verehrt! Gut, daß ich heute abtrete. Ich brauche es, daß alle von mir Abstand nehmen. Aber sie sollen immer glauben, ich sei eine von ihnen. Wir verfügen über Gewalt! Na gottseidank. Auch das kann man von den Schauspielern lernen.

Ich habe immer verhalten gespielt, damit ich stets menschlicher als ein Mensch aussah, doch auf mein Verhalten hat das nicht abgefärbt. Ich schien immer fern. Die Kollegen fuchteln herum, egal wie, und die Leute glauben, sie tun es um ihretwillen. Ausgerechnet. Als hätten wir nichts Besseres zu tun! So, jetzt sagen Sie mir einmal, weshalb die Mächtigen, die sich ihrer Mittel doch wirklich so sicher sind wie ein guter Schauspieler, dauernd solche Angst haben? Ich habe doch auch keine Angst, Ihre Anbetung zu verlieren. Wie Sie sehen, traue ich mich hierher. Ich habe keine Hemmungen. Hier war mein Herr! Der hatte sein Führen auf absolute Kameradschaft abgestellt, sagte er zu zwei Kameraden, im Trachtenanzug, vor einer Bergkulisse, nicht schlecht, aber da hab ich schon bessere, vor allem teurere Kulissen gesehen. Der ganze Watzmann aus Pappe! Was das kostet! Der echte war ja gratis. Ich habe mein Führen auf sanfte Weiblichkeit gestellt, die sich bei jedem Schritt ranschmeißt, indem sie sich aus dem Handgelenk wegwirft. So führt die Dame ihren Fremdenführer durch die Stadt. Mir ist das gelungen, einem andren, der es auch versucht hat, nicht.

Mit Denken allein geht schon mal gar nichts. Anmaßend kann man nur kraft vollständiger Geistlosigkeit sein, das ist der Zauber der Gleichförmigkeit. Das Publikum muß einen überall sofort wiedererkennen. Der Tod hat mich seither nie wieder geschreckt. Seit ich mir damals etwas von dieser herrenlos herumstreunenden Macht nehmen durfte. Ja, die Macht über Sie war mein goldener Schäferhund. Hatte ihn immer bei mir. Bei Fuß! Glauben Sie denn, daß diese Macht über Sie nur gemacht ist und mir genommen werden kann, bloß weil ich jetzt ein bisserl tot bin? Nein, so dumm können Sie nicht sein! Etwas wie ich durfte schon immer hier, in Wien, Niederösterreich und dem östlichen Burgenland sowie in ganz Deutschland bleiben und wird immer hier bleiben. Mit meinem guten Benehmen konnte ich mich zähmen.

So, Sie können Ihr Tier jetzt gern befreien, ich tue ihm bestimmt nichts. Zu Tieren bin ich lieb. Doch das beste Benehmen hatte ich immer mit mir selbst. Mich mußte man nicht lang bei einer Behörde, deren Namen man nicht einmal zu flüstern wagte, einvernehmen, damit ich zu meinem Benehmen kam! Das war ja meine Kunst, dieses vollständige Einverständnis mit mir. Das hat mir nie wieder eine nachmachen können! Ich ziehe ein Dirndl an und bin mit mir einverstanden. Ich setze einen Hut mit Schwanenflaum auf und bin mit mir einverstanden. Ich steige in meine Schuhe hinein und bin mit mir vollkommen einverstanden. Ich spiele in einem Film, bin aber nicht mit mir einverstanden und kämpfe furchtbar mit mir, ob ich auch alles richtig gespielt habe. Ich weiß jedoch, ich kann auch diesmal mit mir einverstanden sein. Ich brauche von mir nicht loszukommen, denn ich bin vollständig mit dem Miteinander mit mir einverstanden. Das macht den erstklassigen Schauspieler aus, den letztklassigen aber auch, nur glaubt man es dem nicht! Aber der Weg dorthin! Entsetzliche Leiden! Ringen um Ausdruck! Entsetzlich ist gar kein Ausdruck! Überall aufschluchzende Zeuginnen von mir! Haben Sie eine Ahnung, wie kompliziert man sein muß, um Komplizin des Volks zu werden? Um wieder ganz einfach zu sein?

Angebetet zu werden ist nicht lustig, das können Sie mir glauben. Ich brauche keine Anbetung mehr, ich ertrinke ja schon darin. Ich habe eine eigene Sarg-Slipeinlage dafür! Danke trotzdem. Dabei paßt zwischen Sie und mich nicht einmal eine Belagscheibe Papier, auf dem etwas stehen könnte. Nur ein paar Worte. Das ist ja gar nichts! Dieser Belag ist zu dünn. Das Metall reibt sich schutzlos am Fleisch. Aber ja doch, Metall paßt besser ins Fleisch als Papier. Papier: gehört ums Fleisch herum! Die Menschen sind mein Einwickelpapier. Aber einwickeln tu immer ich sie. Sie hören lieber auf mein Gesicht, meine Kleidung und mein Spiel als auf sich selbst. Deswegen kann ich mit dem Spielen bis heute ja nicht aufhören. Nicht einmal unter der Erde! Dort liegen ja noch viel mehr als hier oben vor mir auf den Knien lagen.

Diese Sportlerin hat von ihren Fingerkuppen Glyzerin auf die Augen geschmiert, damit sie bei der Hymne anständig weinen konnte. Das schaffe ich sogar heute noch mit links, ohne Farb- oder Konservierungsstoffe. Alles, auch was an mir gar nicht Ihnen gilt, kann Sie sofort ins Paradies versetzen. Das machen meine verzogenen Gesichtszüge, die Sie immer so mit Klatschen verwöhnt haben. Sie sehen alles an meinem Gesicht, das einen doppelten Boden hat. In dem hebe ich Sie alle auf, für den Fall, daß ich Sie einmal brauche. Ich bin über mich hinausgewachsen und wurde dennoch immer nur in die nächsthöhere Klasse versetzt, die genau diejenige gewesen ist, aus der ich je schon gekommen war. Immer frisch. Hallo, Ober! Hallo, Dienstmann! Hallo, Frau Poldi!

Bin schon da! Ich steige auf mit meinem stets frisch gesäuberten Gesicht, steige Ihnen entgegen. Durch mich erhält das Gedränge auf dem Machtspielplatz erst Schwung! Die Geltung des Einzelnen muß natürlich ab sofort beseitigt werden. Damit wenigstens der Star Ihnen noch etwas gilt! Sowas wie mich gibt es ja heute nicht mehr! Ich ruhe mich jetzt aus. Ich habe mich immer in mir ausgeruht, indem ich unermüdlich nachdachte: Wie dies oder jenes gestalten? Wie mache ich das? Wie stelle ich das dar? Was für Gestalten könnte ich sein? Diese oder jene? Was für Gestalten kommen mich da holen? Egal. Einholen werden die mich ohnehin nicht. Ich kenne sie, es sind Gestalten der Dichtung, und die sind ziemlich langsam. Haben sich überlebt. Ich möchte lieber Sie alle sein, und zwar in einer Person! Was brauchen wir die Dichtung? Auch so eine Papierwindel mit Plastikkern, die nichts durchläßt. Dabei wollen wir doch unbedingt eintreten, egal wohin. Egal was.

Die Dichter müssen immer erst schauen, wie die Menschen sich verhalten. Dann erst können sie über sie schreiben. Da schreibe ich mich gleich selbst! Wir sind den Menschen ohnedies immer voraus mit unserem wunderbar verhaltenen Spiel. Wir sind die Menge! Wir sind eine ganze Menge von Ihnen! Wir können die Menschenflut gar nicht mehr halten! Wir können den Menschenunflat gar nicht mehr zurückhalten. Wir spielen ja schon, bevor wir wissen, was wir überhaupt spielen sollen! Ja die Dichtung. Manchmal ist sie praktisch. Immerhin ermöglicht sie es mir sagen zu können, ich sei gar nicht wahr gewesen. Immer jemand ganz andrer gewesen! Von der Gestalt zur Gestaltung. Oder umgekehrt? Und dabei immer ich selbst geblieben, doch niemals ich selbst gewesen. Danke, Dichter! Sie haben mir einen mehr als neunzigjährigen Aufenthalt in meiner eigenen Arbeitskolonne ermöglicht, in der ich mich allerdings furchtbar anstrengen mußte! Das können Sie nicht mehr ungeschehen machen!

Was habe ich gearbeitet, aber das Ergebnis war es wert! Ich hätte leicht nochmal so viele Menschen geschafft. Das ist Disziplin! Nach soviel Arbeit an mir weiß ich natürlich bei allem, was ich sehe, sofort, wie es gemacht wird. Denn ich kann immer alles selber machen. Außerdem bin ich schon fort. Keine Angst, ich bleibe natürlich immer da. Bei Ihnen. In meinem schönen Kostüm in meinem lieben Grab, da bleibe ich gern. Bringen Sie mich endlich hin! Sie brauchen mich dazu nicht dauernd um die Ecke zu bringen! Drei- bis viermal genügt nun wirklich. Mehr ist bei diesem Haus nicht drin. Danke.

DER TOD UND DAS MÄDCHEN

Zwei riesige, popanzartige Figuren, die zur Gänze aus Wolle gestrickt und dann ausgestopft sind, eins als Schneewittchen, eins als Jäger mit Flinte und Hut, sprechen ruhig miteinander, die Stimmen kommen, leicht verzerrt, aus dem Off.

Schneewittchen: Jetzt gehe ich durch die Krümmungen und Biegungen des Waldes schon seit Ewigkeiten, und was finde ich nicht? Zwerge! Man sagt, die ähneln uns an Gemütlichkeit, nicht aber an Gestalt. Sie, mein Herr, wiederum sehen aus wie einer, der mir an Gestalt ähnelt, aber eher ungemütlich ist. Vielleicht durch die Verantwortung, die Sie tragen. Es macht sicher viel Arbeit, das Seiende zu lichten und das Richtige zu richten. Ich bin eher fürs Leichte zuständig. Lange habe ich durch mein Aussehen Erfolg gehabt, dann fiel ich voll Eifer, auf der Suche nach noch mehr Erfolg, ins Loch meiner Stiefmutter, die mich von einer Seite her, die ich nicht erwartet hatte, ergriff und bald darauf mit Obst vergiftete. Sie hatte einer andren eine Grube gegraben und war nicht selbst reingefallen. Seither bin ich Wahrheitssucherin, auch in sprachlichen Angelegenheiten. Das alles scheint für die Menge ungemein interessant zu sein, denn meine Geschichte gibt es schon seit Jahrhunderten, keine Ahnung, was daran so lustig oder aufregend sein soll. Es ist, als müßte ich mich ununterbrochen aufheben und dann fallen, von Frauenhand. Eine nette Ausnahme, was der Tod nicht ist. Er kommt immer, meist als Mann, und dann ist er gar keiner. Er lauert uns auf, kommt unerwünscht, und grad wenn wir, wie in meinem Fall, Erfolg haben, gönnt er ihn uns nicht und nimmt uns, ohne uns zu beschwichtigen, vom Feld.

Jäger: Ist es möglicherweise die Irre, in die Sie gehen? Darf ich vorschlagen, daß Sie sich als Ihre eigene Zuflucht aufgeben. Und zwar damit Sie die Wahrheit nicht verfehlen, die ihrerseits Sie die ganze Zeit schon sucht und die ich bereits mehrmals in diesem Wald als hilflose Person aufgefunden habe – oder auch in Gestalt von heimlichen Gräbern für Mensch und Tier. Die Tiergräber stammen nicht von mir, denn ich nehme meine Beute stets mit. Für die Erde ist sie mir zu schade. Da Sie der Wahrheit nichts Gefundenes zum Fressen hinwerfen und auch keine Erfahrung mit dem Beutemachen haben, weil Sie Beute ja sind, rennt Ihnen die Wahrheit naturgemäß bei der ersten Gelegenheit davon. Ihre Version der Geschichte glaube ich einfach nicht, Fräulein. Es gibt nirgendwo eine Umfahrungsstraße, auf der sie Ihnen ausweichen könnte, die arme Wahrheit. Versetzen Sie sich doch in ihre Lage: Es muß ihr ja vorkommen, als blendeten sie die Scheinwerfer eines Autobusses, wenn sie plötzlich einer Frau wie Ihnen gegenübersteht, und die trägt – soviel verstehe ich immerhin davon – für den Wald völlig ungeeignete Kleidung. Also, diese Frau fragt jetzt nach einer oder mehreren Personen, die Hüte tragen, wie sie andre Menschen meiner Einschätzung nach niemals aufsetzen würden. Wie schaut denn sowas aus! Nehmen Sie sich lieber meinen Hut zum Vorbild, so einen sollten Sie und auch die von Ihnen Gesuchten tragen! Und die schöne Knurrhahnfeder drauf, super, was?

Niemals etwas Spitzmütziges bitte! Und dann womöglich klein auch noch sein und durch sowas größer erscheinen wollen! Hohe Absätze, Spezialeinlagen, auftoupierte Beton-Frisuren! Kein Wunder, daß die Wahrheit sich mit so einem Wesen nicht identifizieren mag. Warum sollte die Wahrheit denn gleich als sieben Personen auftreten, wo man sie doch nicht einmal als eine allein ruhig an sich vorbeigehn lassen will. Obwohl man es dann endlich hinter sich hätte und wieder Märchen erzählen könnte? Sie ist ja genau deshalb so scheu geworden, weil jeder nach ihr grapscht.

Und da stehen Sie ihr jetzt auch noch im Weg herum. Ich werde Ihnen etwas sagen: Ihre Schönheit zählt in unsren Kreisen, die wir durch die Wildnis ziehen, nicht allzu viel. Einmal wöchentlich gibts auf dem gefrorenen See ein Paarlauftraining. Auch Schönheit und Wahrheit nehmen daran teil und können sich so näher kennenlernen. Wollen Sie nicht mitmachen, Fräulein? Vielleicht finden Sie an der Wahrheit sogar mehr Gefallen als an der Schönheit? Das wär doch mal eine Abwechslung für Sie! Man kann die Schönheit lautstark schlürfen wie ein Erlebnis, aber dann hat man sie und die Wahrheit, ineinander verkrallt, damit sie auf dem Eis nicht stürzen, auch schon hinter sich. Sieben Personen für die Wahrheit wären, wenn ich es recht bedenke, andrerseits gar nicht so schlecht, denn so klein, wie sie ist, sollte sie sich vielleicht vervielfachen, um wenigstens einmal wahrheitgenommen werden zu können. Sie würde einem dann schon mittels ihrer Mütze ins Auge stechen. Au ja!: Die Wahrheit als ein mit Mützen gespickter

Kleiderständer. Und dann die Schönheit, die sich keinen dieser Hüte aufsetzen mag, um nicht lächerlich zu werden und damit Feindin ihrer selbst. Die Wahrheit als des Seins Irre. Sie, Fräulein, irren sich übrigens, falls Sie glauben, Sie sehen mich. Ich bin unsichtbar. Und wäre ich sichtbar, dann gäbe es mich nicht, und Sie würden mich ebenfalls nicht sehen können. Es ist also egal, ob Sie mich erkennen oder nicht. Wahrscheinlich haben Sie sich geirrt, als Sie mich für eine Ihrer Wahrheiten hielten, nur weil Sie mich nicht gesehen hatten! Na, zu Ihren Wahrheiten gehöre ich auf alle Fälle nicht! Schauen Sie sich gefälligst meinen Hut etwas sorgfältiger an, bevor Sie mich nicht sehen und trotzdem blöd anquatschen! Ich bin der Tod und aus. Der Tod als die ultimative Wahrheit. So gesehen hätten Sie sogar recht, mich zu suchen! Gefällt mir gut: Der Tod als äußerste Wahrheit, der deshalb von sich selbst nichts wissen will. Stimmt aber nicht. Der Tod als die Blöße des blinden Tieres, in dessen Stumpfheit der Mensch sich fortreißen läßt, um endlich nichts mehr von sich zu wissen. Sterben muß er trotzdem, auch wenn er bereits ohnmächtig ist. Der Tod als die Blindheit vor Ihrer Blöße. Aber Vorsicht! Nicht alles, was Sie nicht sehen, ist schon der Tod, wie ich bereits ausführte. Was mich betrifft, so können Sie sich daher nie sicher sein. Jäger ist ja wirklich keine sonderlich originelle Verkleidung. Ich schaudere, wenn ich Ihren blicklosen und noch dazu blinden Glauben sehe. Sie sollten mir keins Ihrer Geheimnisse aufdrängen, aber ich weiß schon, ich kann Sie eh nicht aufhalten. Glauben Sie, wenn man den Tod sehen könnte, würde sich irgendwer auch nur, sagen wir für die Dauer eines Abendessens aus unbegrabenen Tieren, die ohnedies er hätte stiften müssen, mit ihm abgeben? Na, sehen Sie! Könnte nicht behaupten, daß ich deshalb etwas mit der Wahrheit zu tun haben wollte. Nein, aber wirklich nicht. Der Wahrheit ist alles egal außer ihr selbst. Doch es gibt zur Zeit keinen besseren Darsteller für sie als mich. Muß ich sie also weiter spielen, weiß gar nicht, ob ich noch spiele. Ich will schon lang nicht mehr, muß aber. Eine, die allerletzte, habe ich mir als Vorbild behalten, alle andren Wahrheiten davor sind mir und meiner Waffe nicht entgangen. Da war ich gründlich. Die letzte ist ziemlich klein. Ich schaue sie mir trotzdem immer an, damit ich weiß, wer ich bin. Ungefähr so klein wie Ihre Zwergerln angeblich sind. Mit Energie und Fleiß habe ich mich jedoch als Autodidakt emporgearbeitet und gleite jetzt selbstbewußt ins Leben hinaus wie auf den gefrorenen See.

Schneewittchen: Ach, das Leben will ja von vielen Seiten bewundert und betrachtet werden, meinen Sie nicht? Es ist doch eigentlich schön. Auch Nebensächlichkeiten sollten uns nie zu klein sein. Finde ich nicht das Kleine, das ich suche, könnte ich mich auch dem Großen zuwenden, das Sie zu verkörpern behaupten. Was gibt es Größeres als den Tod, der uns keinen wesentlichen Nutzen, aber großen Schaden bringt. Auch wenn er gut schmeckt wie ein Granny Smith-Apfel. Drinnen sitzt doch der Wurm und macht seinen Eröffnungszug, die Verwahrung des Todes in dem Safe, in dem er in Ruhe vor sich hin fressen kann, und damit ist das Grundhafte eröffnet und gleichzeitig wieder geschlossen: das Sein selbst, hallo! Na, ein Geschäft war das nicht! Meine Darmsaite ist durch verschimmeltes Obst verstimmt. Wie der Grundton meines Seins. Das ist ziemlich überspannt, nur der Ton stimmt eben nie. Ein klägliches Schicksal, eine schwächliche Konstipation. Dann: Bergsteigen als große Aufgabe der Gesellschaft, doch es ist leider meist kein Gebirge vorhanden. Diese Berge sind ja bestenfalls Mittelgebirge, eine Mittelgebirgsschwelle, die nun zu überschreiten wäre, ohne Schaden zu nehmen. Ich mache jetzt eine Schadensmeldung für die Seinsversicherung und dann noch einen Personensuchlauf, weil ich so lange ohnmächtig war, was meine Stiefmutter ihrerseits als Tod und Machtlosigkeit interpretierte. Da hat sie sich geirrt. Außerdem: Gerade der Machtlose würde ja nichts so sehr entbehren wie die Macht. Vielleicht hat sie mich deshalb umbringen wollen, weil sie damit rechnen mußte: Ich stehe auf und bin sofort das machtgierigste Wesen, das heißt, ich mache ihr das Zeug streitig, das sie um sich herum so gern anhäuft. Alles Tand! Da kommt doch tatsächlich eine Tussi daher, nicht annähernd so fesch wie ich, um einiges älter, was sie gewiß bis in die Träume hinein wurmt, und will mich allen Ernstes meines Wesens berauben! Sie glaubt, die Schönheit geht dann zu ihr hinüber, weil es ihr in einer Toten zu langweilig wird. Die Schönheit will nämlich immer auf der Welt bleiben, am besten in Illustriertenblättern, die durchs dauernde Blättern noch schneller abfallen als normales Laub. Die Mama kann sich nicht hineinfinden in das Ereignis der meiner Schönheit gegenüber Machtlosen und versucht doch glatt, mir die Mittel meiner Macht mit nichts als einem Apfel aus der Hand zu schlagen. Ein Apfel gegen Apfelwangen! Man stelle sich vor. Natur gegen Natur. Ein Titaniakampf. Dabei ginge es viel einfacher. Man stelle sich vor mich, und schon ist meine Macht fort, weil man mich nicht mehr sehen würde! Nur ein Zwerg könnte das unterlaufen, weil er kleiner wäre als ich, also suche ich seit diesem Ereignis nichts als Zwerge, das ist keine Kleinigkeit, kann ich Ihnen sagen. Und für die Zwerge werde ich mich gern hinlegen, damit die auch ihre Ego-Erfahrungen machen können. Schon um Stiefmama zu ärgern, die bereits in ihren Fragen nach dem Unbekannten eine Rangabstufung vornimmt, wer sein darf und wer nicht. Sie darf. Ich darf nicht. Wegen zu großer Schönheit und ihres Konkurrenzneids. Die Zwerge dürfen nur, weil sie sie noch nie gesehen hat. Aber mich warnt sie vor ihnen!

Der Jäger: Bei mir werden Sie sie jedenfalls nicht finden, Ihre Zwergerln. Ich bin Offizier fürs Offene, nicht für die Verwicklungen, die darin entstehen könnten. Ich merke natürlich, wenn etwas in mein Offenes hineinsteht, eine Ecke, eine Wesensfolge in Tiergestalt – ich kann Ihnen versichern, auf die zweite Folge bin ich längst nicht mehr so scharf wie meine Flinte, die immer noch hechelt, tropft und keucht – nein, andersrum, eigentlich möchte ich das Offene lieber in mir verwahren und aufheben wie ein Tupperware-Geschirr. Deshalb wurde ich Jäger. Deshalb bin ich am Zwerg Wahrheit, den Sie, ausgerechnet hier im Wald, suchen, nicht interessiert. Ich bin der Riese Unwahrheit. Lösche alles, was ist, mit meinem umfassenden Löschprogramm. Habe aber bei der Wahrheit meine Lehrzeit absolviert und kann daher notfalls auch sie darstellen. Sodaß wir, Sie und sogar ich selbst, glauben, ich sei die Wahrheit, und zwar die letzte, die im Handel noch erhältlich ist. Ich behaupte mich schon lang mit dieser Behauptung. Meine Lebensumstände: verborgenes Anstellen am Anstand, sich vor den Tieren als Gestell verstellen, ein paar Riesen, wie man selber einer ist, abdrücken. Fertiggemacht ist das Wesen. Sieh da, es ist ein Fertiggericht, und einen Richter wird es nicht fürchten müssen. Der einzige, der den Richter nicht fürchten muß, ist der Tod. Ich bin überall und immer legal unterwegs, auch wenn ich die Geschwindigkeit gern mal überschreite wie den Todesstrom, mit einem einzigen Schritt meiner bestutzten Beine.

Schneewittchen: Dann sagen Sie mir einmal: Warum bin ich noch und bin nicht nichts, wie es ja ursprünglich die Absicht meiner Stiefmutter gewesen ist? Mich zum Beispiel mithilfe von Apfel in meinen Ursprung zurückzubomben? Ich glaube, weil ich keine andre Möglichkeit hatte als eben zu sein, für mich allein. Meine Stiefmutter wollte immer für andre sein, durch ihre Schönheit, die sie dauernd spiegelte, als wäre sie mindestens zu zweien gewesen. Es war ihr ein Dorn im Auge, das nur sich selbst erblikken wollte, daß ich war. Der Spiegel war nicht das Warum. Er war das Was. Er war das Was Wollt Ihr Denn Noch? Da ich mich ebenfalls spiegelte, war ich da, und zwar noch vor ihr. Die Schönheitsrangfolge war Schneewittchen eins, Stiefmutter ewige Zweite. Der Spiegel ging auf wie ein Schrank, er öffnete seine Flügeltüren weit und staunte, was ihm da hereinkam. Immer ich zuerst! So strahlend, daß man das alte Zeitungspapier am Boden gar nicht mehr sah.

Darauf, vor der Zeit verblichen, solche wie ich. Man kann nicht da sein und weg sein gleichzeitig. Na, Sie können das vielleicht, aber ich nicht. Das war für Spiegel und Stiefelmama schon eine ganze Fragensammlung, ein soeben geöffneter Fragenkatalog mit bunten Abbildungen, alle von mir, da war sie vielleicht sauer, kann ich Ihnen sagen! Ein Katalog also, der seine Antwort und den Preis dafür in sich trug. Und die Fragen brachen alle brüllend aus, streiften ihre schmalen Fesseln ab und zerstreuten sich. Jawohl. Die Fragen dieser Frau, die ich nie Mama nennen sollte, fragten, ohne auf mich Rücksicht zu nehmen, über mein Seiendes glatt hinweg, hochnäsig, ins Leere hinein. Dabei hätte sie mein Seiendes zumindest als Teppich auslegen und also noch gut brauchen können. Im Schloß ist es ziemlich fußkalt, müssen Sie wissen. Aber keine Spur davon. Nur weg sollte sie, meine Spur! Jetzt hätte eigentlich das Denken mit seinem zarten Stimmchen einsetzen können. Ist doch auch ein hübsches Hobby, das nur ein bißchen Erstaunen voraussetzt. Aber welche eitle Frau, die von sich dermaßen überzeugt ist, daß sie den Spiegel, auch wenn sie ihn andauernd befragt, eigentlich gar nicht braucht, weil sie eh weiß, daß sie die Schönste ist, hat es nötig, ins Verborgene einzudringen? Na eben. Die fragt ihren Spiegel das Unfragbare und stopft das Unerschöpfliche als Fülle in die Antwort hinein, über die sie aber immer schon vorher Gewißheit hat, ohne nachgedacht zu haben. Dieser Kuchen kann ja nicht gelingen. Hätte ich ihr gleich sagen können. Was fällt ihr ein? Meine Vergiftung qua Apfel. Es gibt angenehmere Todesarten, kann ich Ihnen sagen, aber kaum originellere. Meine Todesart war gar keine. Ist das etwa eine Art, einen einfach umzubringen? Allerdings bin ich, wie Sie ja sehen, gar nicht richtig tot. Was werde ich Ihnen erzählen, Sie sind ja Experte! Also alles wieder auf Grundstellung. Anfang. Sie weg! Zwerg her!

Der Jäger *legt auf sie an*: Ein Herr Zwerg soll dürfen, was ich nicht darf? Was auch immer? Der Wald hat Platz für alle, aber ursprünglich vorgesehen ist er nur für mich und meine Beute. Mit so kleinen Baulichkeiten Bekanntschaft zu machen, würde mir schon gefallen, wenn ich etwas mehr Zeit hätte. Ich habe aber keine und nehme daher andren Wesen die ihnen noch bestimmte. Ich sage, wann die Zeit zuende ist und nehme mir den Rest, der ihnen noch geblieben wäre. Der ist dann immer schnell verbraucht. Wissen Sie, der Tod ernährt sich von fremder Zeit und ist daher immer hungrig. Die eigene Zeit reicht einem schließlich auch nie. Der Ausflug mit der Zeit von Fremden hält ebenfalls nicht lang vor. Die Menschen enden in der völligen Vermenschung. Damit meine ich genau was Sie von Ihrer Stiefmutter behaupten. Ich habe den Eindruck, am meisten stört Sie an dieser Frau, die versucht hat, mir ins Handwerk zu pfuschen, daß sie offenkundig an den restlosen Vorbesitz aller Antworten zu glauben scheint und an die Möglichkeit, mithilfe der Vernunft dieser Vernunft Herrin zu werden. Mir würde das auch auf die Nerven gehen, wenn ich welche hätte, denn das ist so unsinnig wie ein Einkaufszentrum, das am Abend zusperrt, sich aber auch in der Nacht immer noch Einkaufszentrum nennt.

Schneewittchen *beschattet die Augen mit den Händen:* Also wirklich! Ich muß doch sehr bitten! Was halten Sie mir denn da die ganze Zeit vor? Eine Taschenlampe? Bedenken Sie, meine Augen sind noch geschwächt, weil ich den Tod in der Ihnen gewiß bekannten Sonderausführung als strahlend hellen Tunnel gesehen habe. Ich bin immer noch ganz geblendet davon. Sehen Sie denn nicht, wie ich meine Augen zusammenkneifen muß? Gehen Sie doch bitte etwas zur Seite! Vielleicht verdecken Sie schon seit Stunden einen oder mehrere Kleinwüchsige, mit denen ich verabredet bin. Oder sollten Sie mir vielleicht die genaue Adresse geben und zögern jetzt den Augenblick unsres Abschieds absichtlich hinaus? Sind Sie von meinem Geschick geschickt worden? Ich weiß nur: über den sieben Bergen. Die Leute sind ja so nachlässig, wenn sie einem am Telefon was diktieren. Sie warten nie, ob man es auch kapiert hat. Ich würde außerdem Liegen langsam dem Sitzen vorziehen. Bin doch recht müde von dem Gift. Meine Boshaftigkeit soll schlummern. Das Volk soll seine Taten etwas mildern und seine Ziele erreichen. Zumindest soll es nicht unruhig werden, wenn es tiefe Fragen hat. Das Unerklärbare soll in seinem Erklärungsgrund ruhen, bis der Vorstoß der Blumen es von unten her in den Arsch tritt. Dann soll es gefälligst aufstehen und uns aufklären, damit wir uns, was ist, endlich auch vorstellen können. So, das wäre auch schon das Ende meiner Wünsche. Wenn man schön ist, kann man sich in Bescheidenheit kleiden. Hat man freien Auslauf, dann muß man gleich eine Vorstellung von den Dingen geben. Auch wenn man noch gar keine Vorstellung davon hat, wie groß die Dinge überhaupt sind. Zwerge sind eher klein. Auf meine Bescheidenheit schauen sie dennoch verächtlich. Ich habe gehört, sie wollen nichts als die schönste Frau der Welt, nur damit sie Behaglichkeit erhalten und ungezwungenes Benehmen austeilen können, auf Wunsch auch außerhalb des Hauses, auf der Wiesenmatte, wo sie mit freiem Glied auf mich zueilen und auf mich draufspringen werden, und zwar alle auf einmal. Wenn Sie wüßten, wie oft ich das schon gehört habe! Das hat sich meine Stiefmutter für mich erdacht, mit sowas hat sie mir jahrelang Angst einzujagen versucht! Sie hat behauptet, die Zwerge würden, wenn sie erhalten hätten, was sie wollten, undankbar sein wie alle andren Wesen auch. Was ist das für ein unerkannter Schein, den Sie mir da immer noch ins Gesicht halten? Das Lange und Dünne? Und wie schaltet man es wieder aus?

Der Jäger: Eine Taschenlampe würde ich das nicht unbedingt nennen. Es dient eher dazu, Licht auszublasen. Da tauchen Wesen aus dem Waldesdunkel auf, die glauben, ein lebendiges Geistesleben hervorzubringen, aber das ist gar nichts für mich! Kein Hindernis! Es kämpft die Vernunft auf der Rennstrecke einer Heimbahn für Autorennen mit dem Hund Glauben, der immer freien Auslauf hat, Geheul, Grollen, Gurgeln, Röcheln, Knurren, schade, daß ich es Ihnen nicht vorführen kann, doch ich führe keinen Jagdhund mit mir, sowas habe ich nicht nötig. Also die Fetzen fliegen zwischen den beiden, das Geschäft Geistesleben ist aufgesperrt, Sie kriegen dort Schuhriemen und Gebetsfetzen genauso wie ein Stück Grund in der Größe fünfzig Zentimeter mal fünfzig, es ist der Grund der Nichtgründung der Wahrheit, er gehört Ihnen jetzt, auch wenn Sie Ihre Wahrheit vielleicht ganz neu gründen und meine gar nicht haben wollen, obwohl sie, wie gesagt, das letzte vorrätige Exemplar ist. Na, und wer ist der Sieger in dem Kampf Ware gegen Grund, Glaube gegen Vernunft? DAS TIER. Das sich die höchste Bestätigung seines vermeintlichen Ranges verschafft hat, bis ein stärkeres kommt. Noch glüht das Herdfeuerchen des Seins, im Sonntagabenddunkel, als wöchentliches Sonntagabenddebakel erscheint eine Frau in einer Art Nachthemd, verzeihen Sie, daß ich Ihr Gewand nicht besser beschreiben kann, ist ja auch egal, die Nacht durchdringt alles, und ich bringe sie Ihnen jetzt. *Schießt Schneewittchen tot. Zur Leiche:* Waren Sie auch eine von diesen Frauen, die nur Kinogestalten in die Welt setzen, weil sie aussehen wollen wie eine von denen? Die vor dem Leben zurückschrecken? Vor dem Tod zurückzuschrecken hat Ihnen gar nichts genützt, er kommt Ihnen nach mit meiner Gewähr. Sie waren nichts als ein Mädchen, das seinen nackten Fuß im Gras sehen ließ, das dafür viel zu kalt war. In Sargkleidung sollte man nicht im Wald herumspazieren. In Ihrem Fall jedoch war es praktisch, so können Sie das Zeugs gleich anbehalten. Mir ist es egal, ich verstehe, wie gesagt, nichts von den Damen und den Launen ihrer Mode. Das ist jedenfalls einmal Beute, die ich liegen lasse. Nur die Zeit habe ich ihr genommen, das mußte genügen, die war ja auch das Gefährlichste an ihr. Noch fünf Minuten, und ich hätte mich vielleicht überreden lassen, kleiner zu werden als ich bin. Jetzt ist sie natürlich total hilflos, denn nichts fürchtet umgekehrt die Schönheit mehr als die Zeit. Keine Erde drüber. Die wäre zu leicht.

Schultert seine Flinte und geht.

Hinter ihm erscheinen die sieben Zwerge und umringen Schneewittchen.

Die sieben Zwerge: Typisch. Da geht sie hin, die Gute. Dabei hätte sie uns rechtzeitig finden können, wenn sie ihre Wanderkarte nicht die ganze Zeit verkehrt herum gehalten hätte. Was die Schönheit für Täler gehalten hat, waren in Wirklichkeit Berge. Nur das Gute kann Berge versetzen, manchmal auch der Glaube, die Schönheit kanns jedenfalls nicht. Sie kann die Berge meilenweit verfehlen, auch wenns sieben Stück davon gibt. Die Berge waren, wo sie schon immer waren, bloß die Schönheit war leider am falschen Ort. Egal. Uns bleibt so und so wieder die ganze Arbeit. Immer müssen wir eine energische Haltung einnehmen und den Dreck von andren Leuten wegmachen. Manchmal denken wir, daß wir einmal gerne selber tot wären, damit die andren einmal an lustigen Figuren wie uns sehen, daß der Tod nun wirklich nicht so lustig ist, wie sie es sich offenbar vorgestellt haben. *Sie legen Schneewittchen in den gläsernen Sarg und tragen ihn fort.*

DER WANDERER

Was sie reden? Leerer Schall. Aber couragierte Gesunde schaffen es doch immer wieder, mit ihren knarrenden, beeisten Schuhen über die Schwelle meines Kopfes zu treten und, da ich, den Schlag schon erwartend, in Deckung gehe, mich in all der Leere dort immer wieder zu finden und entschlossen an die Hand zu nehmen. Bis ich mich nicht mehr rühren kann. Sie geben mir dafür ihre befehligen Töne. Bin doch schon längst zahm! Angeführt werde ich auch heute wieder von einem Mann und einer Frau, welche niemals niedergeschlagen sind und den nie zu stillenden Hunger auf ein ganzes Einfamilienhaus verspüren, das sie auch noch fertig machen wollen. Sie haben es bisher trotz allen Bemühungen nur auf die eine Hälfte gebracht. Die andre sollen nun wir Verlorene ihnen bringen, jeder nimmt ein paar Ziegel und eine Tasse mit Mörtel und bezahlt an der Kasse. Selbstbedienung.

Das ist sein Frühstück. Also bitte, marsch hinauf in mein kleines halbes Zimmer, wo die Erinnerung an meine einstigen bahnbrechenden Leistungen sich an der Haltestelle die Füße in den Bauch steht. Doch ohne Bahn keine Haltestelle. Bitte, wann geht sie ab? Brechen muß die Bahn nicht, aber gehn sollte sie schon noch können. Es gibt kein Leben, das sich gradlinig verläuft. Ohne uns Seiende kein Wertesetzen, daß hier die Linie dreizehn vorbeifährt, flink, aber unregelmäßig, nicht wie die Uhr. Inzwischen ist es aber endgültig abgeändert worden, wie sie in ihren ganz eigenen Mäandermustern zur Alserstraße hinunterfährt.

Machtlos bin ich längst, will nichts, will nicht einmal das Nichts, denn letzteres hätte man mir schon vor Jahren geschenkt, wenn ich es nur ernsthaft hätte haben wollen. Es war ihr ebenfalls gesundes Geschäft, mir das Nichts zu zeigen. Na, wollen Sie es jetzt oder nicht? Selbstbedienung. Nächstes Jahr fragen wir nicht mehr, da müssen Sie dann nehmen, was wir vorrätig haben werden.

Habe damals wie heute nichts für mich verlangt, werde also jetzt, spät aber doch, verschenkt. Obwohl, nein, eigentlich nicht: Loneli muß immerhin bitter zahlen! Das fällt ihr verdammt schwer. Soviel Geld bloß für mein Fleisch, das ja nicht sehr dauerhaft ist und auch sie nicht dauert. Bitte. Es ist verständlich, daß mir Fremdem nicht gestattet werden kann, mich in der Öffentlichkeit ab und zu ungeniert aufzuführen, das Hosentürl krachend auf- und zuzuschlagen, bis ein Flügel mich am Schädel trifft. Bleibe seither unbenommen und unberufen. Bin schließlich kein Tourist. Bin professioneller Tourengeher. Oft und gern Radfahrer. Doch nicht einmal meine Frau Loneli gestattet mir mehr, ihr ausweichen zu dürfen. Na, bin ich eben mir selbst ausgewichen. Jetzt hab ich mich aber schon allzu lang nicht mehr getroffen. Wieso treffen mich dann immer wieder so viele andere? Doch gewiß nicht mehr zu Hause in der dort herrschenden Ungewissenlosigkeit.

Die Klingel derzeit ebenfalls in ärztlicher Behandlung. Bis sie wieder funktioniert und ich kräftig drauf drücken kann. Autos dürfen doch auch Laut geben. Andere scheinen also wenigstens auf mich bauen zu wollen, wie dieses ein wenig bejahrte Ehepaar, in dessen guter Behandlung wir Narren uns befinden. Ein Haus zu machen ist schon hart, doch ein Sohn wartet bereits darauf. Bis der Sohn lebt und die Eltern tot sind, muß es fertiggebaut sein. Schauen Sie sich in Ruhe dieses psychologische Bild an, und sagen Sie mir, was dem Mann darauf fehlt, hat der Arzt gefragt. Die Krawatte meinen Sie? Na danke, das kann ich absolut nicht nachvollziehen. Sprach zu mir der Arzt und hielt mir ein Funkbild mit meiner Urteilsversprechung hin. Was fehlt diesem Haus? Die andre Hälfte, sage ich. Na danke, das kann ich absolut nicht nachvollziehen, sagt niemand. Ich steige jetzt auf direktem Weg in die Dementissima ein, damit wenigstens der Berg endlich fertig wird, ich meine: damit ich mit ihm fertig werde. Meine Finger krallen sich schon fest, die Füße rutschen noch. An einer Einsteigstelle, wo die Busse nur halten, wenn ein Fahrbedarf besteht, hätte ich mich letztes Mal vielleicht zum letzten Mal treffen können. Wenn ich vorher geahnt hätte, wie das ist, sich zu verlieren, dann hätte ich mich lieber nie gekannt oder gleich weggeworfen. Und nie gesucht und nie geahnt. Zum Beispiel in einer unübersehbaren Menschenmenge vor einem Kaufhaus, am Geländer einer Brücke über einen Bach. Die Zuckerlpapierl hätten unter meinen Füßen knistern können. Aber zu spät, ich hatte mich schon verpaßt gehabt. Ich gehe seither spazieren, bis ich umfalle, nicht mehr weiter kann, was nützt mir der Abgrund, wenn ich endlich in ihn hineinreiche? Er reicht mir ja nie etwas zurück. Loni, wo bist du, wo bist denn du? Gehst mir auch ab, wart nur, bis die Klingel repariert ist, dann drück ich wieder dauernd drauf. Weil ich mich auf diesem Weg dir zubringen will, ohne Straße oder Postbote zu sein.

Schade. Noch kein Einlaß. Doch der Kinosaal ist bereits verdunkelt. Die Frage, wo unsre Plätze sind, ist überflüssig, mein geliebtes Land, Loneli, da du ja hier bist, müssen auch hier die Plätze sein. Oder bin ich nicht rechtzeitig gekommen? Warum sonst sollte es so dunkel sein. Ich nenne auch dich Land, weil du mich ganz enthältst. Sollen wir uns denn jedes Mal furchtbarer und furchtbarer treffen? Wie soll ich den Hunger nach Geist aus mir entfernen? Dafür steht mein Wille eisern dort und wartet wie ein Hund vor der Telefonzelle, wo er seinen Herrn zum letzten Mal gesehen hat. Weiß längst nicht mehr, auf welchen Herrn. Das Seiende will sein, es will allerdings nicht, daß wir es ganz sein lassen. Könnten Sies mir einmal bringen, wenigstens zum Anschauen? Ich glaube, es steht dort drüben in der Wanderhose und biegt sich wie im Sturm, obwohl es gar nicht im Sturm steht. Ich brauche es hier, wo ich stehe und leider jetzt austreten muß. Dahinter steckt doch gewiß wieder einmal ein stärkerer Wille. Wem soll ich den wieder zurückgeben?

Ich sehe ein, dieses Haus muß fertig werden. Es muß von diesem Herbergswirt, der sich in Baumaterialien verstrickt hat, ein eigenes Haus gehabt werden. Dafür wohnen wir nun bei ihm, sanft flackernde Lebenslichter, die aus dem Zug unter und oberhalb von Türen und Fenstern, die nicht richtig passen, was nicht ihre Schuld ist, ihren notwendigen Sauerstoff beziehen. Der Wille soll jetzt eine Prüfung ablegen, weil er so stark ist, daß er noch das Mehrfache seines Gewichts stemmen könnte, aber wo ist sein Weg. Er könnte Betonträger hochheben, wüßte aber nicht, wo sie verlegen oder wohin sie tragen. So ist er selbst ganz verlegen geworden und legt sie still abseits hin, die schweren bewaffneten Träger mit ihren Armierungen, die ihnen überall heraus stehen wie Rippen. Zuwenig zu essen, das arme Haus und die arme Bausparkasse.

Das Haus ist derzeit leider immer noch eine Baustelle, die irgendjemand verloren hat. Derjenige scheint in wilder Flucht davongestürmt zu sein, so wie es hier aussieht. Es gibt für uns kein Ausweichen mehr vor dieser Tatsache. Sonst fallen wir durch ein mangelhaft gesichertes Loch, an das sich nicht einmal die Ältesten unter uns erinnern können, und die sind seit etlichen Jahren hier, direkt drei Meter tief in den Keller. Wir Schmalspur- Hopliten schleppen also unsre kleine Legion nach dem Morgenspaziergang, auf dem wir nicht miteinander sprechen durften, wieder hinein. Unsere Angehörigen werden das tempelartige Gebäude mitsamt seiner fesch aufgetürmten Giebelfrisur bezahlen müssen, doch uns hat man dafür unsre Waffen abgenommen. Schilde, Speere, Mützen und Hausschuhe bitte beim Treppenaufgang ablegen. Nicht die Treppe benutzen, die es derzeit erst in der Sonderanfertigung als Hühnerleiter gibt! Nur Tiere können so viel, daß sie einen Fuß vor den andern setzen, bis sie im Bilde sind, und zwar in der Fernsehsendung Universum, und uns Schwächere auffressen, wie sie es dort gelernt haben. Dieser Denkweg funktioniert bei uns Deppen nicht mehr, man muß sich also auch mit den Händen festhalten, wenn man die Treppe hinauf will.

So wie der Tag dem Sonnenuntergang nicht entgeht, so gehe ich täglich aus wie ein Licht, das man zu füttern vergessen hat. Jetzt knurrt es schon seit einer halben Stunde, dann geht es still, wohin es will. Der Wille ist übrigens das einzige, das ausdrücklich überwältigt zu werden wünscht, um immer gewaltiger zu werden. Der Sieger nimmt alles und bekommt nichts. Zumindest Gleicher unter Gleichen wär er gern gewesen, der Wille, Freiester unter Freiern, ach Loneli, tust handarbeiten? Spinnst dein Garn, du Schicksalsdirektorin, trennst es über Nacht wieder auf. Kaufst schließlich eine fertige Decke mit Eidertausend-Indianerdaunen drin, deinem letzten Machtemblem, weil du sie günstig bekommen kannst? Was treibst du, wo bist du?

Die Art Sieger, die ich bin, hätte seinen Weg schon gemacht, glaube ich, die Finger auf der Landkarte über Ozeane bewegend, mein liebstes Hobby. Kein Meergott trägt mich fort, keine Liedspende reicht mir den Trostpreis Ännchen von Tharau, meinen Lieblingssong, damit ich ihn an meinen geknickten Mast binden und immer wieder hören kann.

Dieses Haus ist alles andre als blitzsauber. Es ist wie ein neues Gesicht, aus dem jede Denkspur säuberlich entfernt wurde mit dem Zewaschwamm, es fehlt ja sogar eine ganze Hälfte von dem Antlitz. Keine Zeitschrift würde es je abbilden, und murmelnd sprudelt unermüdlich der Bilderbach über die steinernen Herzen, die stets nur junge Menschen schön finden. Die Zeit, einen Denkweg zu betreten, hätte ich ja jetzt, nur: An welches Tor würde ich denn kommen nach dieser Wanderschaft auf allen vieren, damit ich nicht hinfliege zu dir, Loneli? Und bei meinem Glück steht dann dort bei dir ein Türhüter und behauptet, ich habe es eingetreten, als ich eintreten wollte.

Noch gleicher, aber unter Verschiedenen ist bei mir, wie schon gesagt, mein Wille, der Sänger des Abends; in der Früh traut er sich jetzt nicht mehr zu singen und bleibt im Bett. Ja, er funktioniert manchmal, manchmal nicht. Vielleicht würde er bei jemand anderem besser gehen, genauer? Free Willy? An dem Einfamilienhausbesitzer prallt er jedenfalls ab. Für den schauen die Toten alle gleich aus, allerdings können sie von ihm aus aussehen wie sie wollen, denn sie geben ihm kein Geld. Wir lebenden Toten geben ihm durch unsre Angehörigen nicht gerade wenig. Also dürfen wir niemals sterben. Sehen Sie, so erringt man Unsterblichkeit, wären Sie je darauf gekommen? Die einen auf ewig unbegrabener Staub, die andren in ihren sorgfältig aufgegrabenen und wieder zugeschütteten Paarzellen, manchmal mit den Eltern und Geschwistern, sogar Onkeln und Tanten zusammengeschweißt und überflüssigerweise mit Blumen überhäuft, damit man drunter nicht zu genau nachschaut, was man ihnen nach ihrem Tod angezogen hat, so Hemden, hinten offen, und des Wahnsinns sanfte Flügel flattern von dort direkt in die Ewigkeit hinein. Soll dieses Häuschen etwa doch mein Grab sein, so wie es aussieht?

Immerhin, wenigstens raus und in die Wiesen kommt man noch unter Aufsicht, welche genau der Draufsicht des Bauplans und der Weitsicht des Bauherrn entspricht; es ist eine Zwischenform zwischen Mauern und Zertrümmern. Auch wir sind Besiegte, mit denen keiner Mitleid hat. Deshalb hat mich mein geliebtes Land wo bist auch du? immer so gut behandelt. Es scheint geahnt zu haben, in welchem Kastel man mich aufheben würde: Weil ich schon seit jeher ein ordentliches Erdmaß zu erwerben gedachte, für das ich die ankommende Gestalt darstellen würde. Daß ich für mein Grab schon zu Lebzeiten zahlen kann, wo die Würmer in der Tiefkühlkost Ordnung machen und uns Packeln schön brav umschlichten, wie wirs ihnen in den meterlangen Truhen der Supermärkte vorgemacht haben, allein dafür scheine ich jetzt noch zu leben. Mein Grab hat Fenster, aber sie sind noch nicht gestrichen. Macht nichts, kommt auch noch. Mein Grab hat eine Stiege, an deren Geländer ich mich lehne, aber das hätte ich besser unterlassen sollen, denn es war nicht zur Stelle, als ich es brauchte.

Zu deiner Schande soll mein Engelsturz nicht sein, liebes Land, eher zu meiner. Das wäre schrecklich, wenn man die Toten sehen könnte, ich wäre schon einmal keine Zierde für sie. O Land wo bist du. Deshalb wollte ich doch unbedingt in dir drinnen bleiben, ein Kind, das nicht geboren werden will, damit seine Wiege nicht in diese Kälte hinausgestellt werden kann. Der Arzt hat mir ein wohlgemeintes Urteil spendiert. Wo sind die Gestalten, die mich einmal auf die Berge mitnehmen wollten? Ich meine windige, aber liebe Gestalten, die notfalls auch etwas langsamer gehen würden, sogar meinen Schritt festhalten, wenn er mir davonlaufen möchte. Wenigstens das hätte ich von meinem Land erwarten können, daß ich bleiben darf, das ist doch das mindeste. All diese geschwinden Gestalten, die mit dem Gewicht auf ihrer Geschichte geschwindelt haben (obwohl sie selbst das Gewicht waren!), damit man ihnen nicht noch mehr aufpackte, nachdem die Geschichte endlich zu Ende war, Geborene, die einst so lieb uns waren und uns dennoch richtig wehtun konnten – jetzt tun sie dir und mir kein Leid mehr, Land. Keine Angst, wirst wieder stark, Land, meine für immer blaß gewordene Seele wird dich nicht dran hindern. Wer schreibt in ihr? Loni, lieblos und anziehend?

Da steht schon der Herr Präsident, und da steht auch der Herr Bundeskanzler. Sie können für nichts garantieren. Stärker wurden immer die anderen, bis einmal ich der andre war. Ich hielt die Einheimischen für Beamte, war ja selbst lang einer von ihnen, so lang wie mich die Kommandeure und ihre Grubenhunde ließen. In kleinen hochanständigen Schritten hat man mich dann entfernt, so wie ich mich jetzt selbst entfernt habe, sogar von mir. Seither wandere ich herum und frage meine Seufzer, was ich sagen soll. Seufz, sagen sie. Wo ist denn bloß mein Schlüssel zu mir? Egal, ich wandle still, daß mich keiner hört, das bin ich so gewöhnt. Um mich braust das Tal, das insgesamt mein kleines, verschlossenes Oberstübchen bildet, wo es inzwischen recht dunkel geworden ist. Ich weiß auch ohne zu sehen: verschneite Landschaft, die Nähe von Sonne, Sturm und Himmel. Doch alles jenseits dieser Mauer, welche das von kunstfertigen Gesellen hergestellte Unheil drinnen hält. Sie müssen nur noch den zweiten Teil machen, das wird ihre Meisterprüfung. Der Mensch ist im Grunde mein Hüter, nicht das Haus. Der Herr ist mein Hut.

Dieser nicht, ich meine, der Herr ist es schon, aber der Hut stimmt nicht, es muß eine Schirmkappe sein, bitte in Schwarz, wenns geht. Beschirmt hat sie natürlich nur ihn, den Herrn, es gibt Ärmere als ihn. Schuheausziehen geht nicht mehr so rasch wie früher. Ihre Tragweite, die der Weite meiner Besinnung entspricht, reicht auch nicht mehr weit. Besinnung habe ich immer nur stundenweise, Betreuung ununterbrochen, und die Stunden lassen sich nie zusammenhängen, jede wird für sich immer kürzer. Lücken klaffen, wo einst goldene Glieder waren, die sich umfaßten. Sie haben leider losgelassen. Die sanfte Gewalt der Wege zieht mich an, bis ich nicht mehr schlafen kann.

Ich weiß nur eins noch, ich will dieses Spazierengehen, obwohl der Weg schwerhörig zu sein scheint für das Geräusch meiner Tritte. Der Weg findet mich immer seltener, auch wenn ich in die Ordnung der Engel hineinriefe und klingelte, bis der Strom mir vor Freude um den Hals fiele, weil keiner ihn je so gernhaben hat können; die Engel sollen den Weg zu mir hinübertragen, wenn sie einmal Zeit haben. Ich stehe neben meinen Schuhen. Weiß nicht mehr, wo ich wohnen werde, wenn ich wieder einmal heimkomme, denn meine Wohnung wird dann wahrscheinlich selber fortgegangen sein. Sie hat sich für mich ein Haus ausgesucht, das noch gar nicht fertig gebaut ist. Für sich selbst hätte sich meine Wohnung eine schönere Wohnung ausgesucht, da bin ich mir sicher.

Komisch. Darauf soll ich jetzt bauen? Keine Ahnung, wohin ich da geraten bin. Ich kann mich schließlich nicht anbinden, aber ich kann fortgehen! Hierher hat man mich gewiesen, man hat mich im PKW eines Kaufmanns, eines kleinen Greißlers, hierher gebracht. Da kommt man also arg abgehetzt seines Wegs daher und muß sich gleich gegen einen Polizisten verwahren, der einen fragt, wo man sich im Müdigkeitsfalle denn üblicherweise zu verwahren gedenke. Ich antworte nicht, bin wenig froh, bin ein Fremdling sowieso. Meine Sinne sind überhaupt abschätzig geworden in bezug auf meine Wegeleistungen. Bin doch vor kurzem erst losgegangen. Ich stelle mich auf die Waage, wenn das kein Wagnis ist, denn immer schnellt irgendwas hoch, kaum hab ich mirs gemutlich gemacht, bleibt in der Luft stehen, bereit, Welt zu spenden, sie wie Konfetti für die Übermütigen, als hätte man je genug von ihr!, über mich zu streuen. Die Welt soll wohl meine besondre Würze sein, aber man kann mich auch ohne sie essen. Ich weiche dem Polizisten geschickt aus. Er läuft mir nach. Ich laufe weiter, weiß nicht wohin, macht aber nichts. Der Weg gehört schließlich allen.

Die Welt ist nicht mein erworbenes Eigentum, ich will sie ja nicht einmal geschenkt. Aber auf diesem Weg gehen werde ich doch wohl noch dürfen. Ich empfinde die Welt und empfinde nichts, wenn sie, wie aus leichtem Papier gemacht, über mich herfällt. Viel mehr interessiert mich: Komme ich heut noch bei guter Helligkeit auf den Kolbeterberg, da ich jetzt, um zehn Uhr vormittag, immer noch nicht weiß, wo der heut wieder steht, der dumme Hügel. Wie ich wieder zurückkomme, damit werde ich mich beschäftigen, wenn es soweit ist. Andre Berge geben doch auch Ruh und bleiben wo sie sind. Aus diesem Fenster ist er hier, aus dem andren ist er dort drüben. Als könnte der Berg selber wandern, als wollte ers einem gütigst ersparen. Dabei will ich unbedingt, daß die Sonne heute mich Braungebrannten sieht. Hoppla, hab ich etwa noch meine Hausschuhe an? Da ist etwas naß, das aus meinem Hosenbein läuft und eilig entwischen will. Ich steige über die Pfütze. Die Möglichkeit, bewandert zu sein, hat einer diesem Berg entnommen, der wollte, daß der Berg endlich fest bleibt gegenüber unsren Wünschen. Er ist keine Annehmlichkeit, er ist eine Notwendigkeit. Daß mir bloß keiner diesen Berg ersteigt, den nicht einmal ich, der Wanderexperte, der dauernd auf vollen Touren läuft, ganz erfasse. Ich hab ihn mir hier ins Zimmer gestellt, um ihn zu studieren. Gestern war ich aber noch droben auf jenem Berge, der auch einmal draußen sein wollte; einer aus meiner Herde war ebenfalls dort in der Kälte, oder wars ein andrer oder keiner. Es war ganz sicher ein Wetter. Die Sonne kalt. Die Blüte welk. Das Leben alt. Es blieb dem Wetter nichts andres übrig, es ist am Abend immer schon überholt, wie der Tod jedes Sterben immer schon überholt hat.

Meine Reifen wollen aber auch überholt sein, und meine Frau will mich jetzt einsperren, damit sie mir in Ruhe nachlauschen kann, mich aber nicht mehr sehen muß, außer zu den Besuchszeiten, wo auch ihr unsere Haushälfte zur Verfügung steht. Die Loni hat zu diesem Zweck ja dieses Haus ausgesucht, das es nur zur Hälfte gibt, aus der andren komm ich jederzeit raus, wenn ich will. Hoffentlich. Dafür kann meine bessere Hälfte nur selten zu mir heraus vor die Stadt kommen, wo Bauland billig ist. In der Stadt gäbe es von diesem Haus nicht einmal die eine Hälfte. Es ist alles schwieriger, als ich gedacht habe. Vielleicht hat meine Gattin vor, mir den andren Teil von dem Haus zu schenken, weil ich dort nicht sein kann, denn es gibt ihn noch nicht. Solls diesmal einer an ihrer Seite sein, den sie kaufen wird? Ich wünsche es mir. Sie zahlt doch genug. Dankesehr. Denn was nützt es mir oder ihr, wenn ich doch nicht einmal mehr mein Gefängnis wiederfinde? Ich finde immer nur den Zwischenraum zwischen den Stäben, gegen die ich gar nichts hätte. Ich hätte dann ja ein Maß für mein Herz, das sich früher manchmal zu mir gesetzt hat, um mich mit Schlägen zu unterhalten haha.

Ich setze mich vor mich hin und putze meine Schuhe. Die Luft hier ist so schmal, daß nicht einmal Sprechen in sie hineinginge. Zu dumm, schon wieder zugesperrt! Nicht schlagen bitte, sage ich zur steinernen Stufe vor der steinernen Mauer meiner Frau Loneli. Listig lockere ich auf alle Fälle mit dem unter meinem Hemd versteckten Schraubenzieher die Schlösser etwas auf, ihr Achselschweiß erhebt sich leis, im nächsten Moment verliere ich die Geduld und ringe wütend mit ihnen, daß sie mich endlich freigeben. Wie krieg ich dieses Schloß von der Tür ab? Ich werde es verkratzen, und Loni wird schimpfen. So wird es enden, in einem anderen Haus als dem, aus dem wir auszogen. Das ist so üblich bei uns Menschen, die nicht gefielen und daher nach einem Probebetrieb zurückgegeben wurden. Hoppala, macht nichts! Nicht alles, was besteht, bleibt auch. Nicht alles, was fällt, ist einem deshalb schon gefällig, wenn man mal was braucht. Muß mich jetzt beeilen.

Hinter mir wird die Landschaft von der forschenden Arbeit der Wanderkollegen ausgehöhlt und verschwindet, obwohl sie haltbar und zugleich sport- wie transporttauglich schien, ähnlich einer Folie, die alles sehen läßt, aber nichts hergibt unter meinem interessierten Hinblick. In dieser Hinsicht ist meine Rückkehr ein Geschenk, das ich dem Berg mache. Ich bestürze ihn. Was heißt hier höchster Punkt? Muß aufpassen, daß ich den schrecklichen Wanderkollegen, die da ganz früh aufgebrochen sind, damit sie auch wirklich die ersten sind, nicht nochmal reinfalle wie früher, als ich auch noch ausgeschlafener war. Die machen es mit Gewalt, das gilt nicht. Deutsche Männer auf dem Piz Palü, auf dem Matterhorn, auf der Eiger Nordwand, he! ho! Sie werden von öffentlicher Meinung bejubelt, wenn sie es bis ganz hinauf und sogar wieder bis ganz hinunter schaffen. Ja, sie dürfen die öffentliche Meinung sogar sein, damit sie sehen, wie es ist, andre anzubeten. Wie alle sein und trotzdem etwas können. Wie alle und trotzdem anerkannt!

Alle können insgesamt recht wenig, bedenkt man, wie viele sie sind. Ich hör schon wieder ihre Äxte und ihre Hunde und wie ihre Ledermäntel einander zu beißen versuchen. Keine Ahnung, wieso die sich schon wieder hier auf diesem Felsen festsetzen wollten, angeblich, weil sie vor allen anderen dagewesen waren und das auch noch in ausgesprochen wachsamem Zustand, denn in den Bergen geht man früh zu Bett und steht mit den Zieseln auf. Als diese herausragenden Männer sich dann setzten, waren sie auch schon enttarnt, da kam nämlich unter ihnen, als wir an der Brücke beim Wildbach standen, wieder einmal dieser Willi heraus, den wir schon kennen. Hat auch brav gegrüßt. Ihn hatten sich die Gesunden offenkundig als eine Art Sitzkissen mitgenommen, um ihn später in Ruhe zum Ruhekissen für die Fremden umändern lassen zu können oder für die Knie, wenn sie wieder einmal sich anstatt Gott anbeten, das gilt aber nur für Fremde, die nicht Wanderer sind. Für die Wanderer gilt Schöpfungsplan B: Gott befindet sich droben am Gipfel und aus. Den Willen halten sie sich ja als schweifwedelnden Freund, der abgerichtet ist, nur sie und sich allein zu wollen. Der Wille und der Erstbesteiger gehören halt einfach zusammen.

So. Da kam er also zum Vorschein, der Willie, machte einen Witz über den amerikanischen Präsidenten, schob seinen spitzigen nassen Kopf mit den anliegenden Haaren hervor und sah als erstes die wollene Unterhose unter all dem knarrenden Leder. Er sagte, es müßte endlich mal wieder hochgezogen werden der Willensvorhang, damit er keine Absichten mehr verschleiern könnte. Was, und mir wollen

Sie schon wieder ein stilles Örtchen zuweisen, das hätte Ihnen so gepaßt! Aber diesmal nehme ich es nicht. Ich nehme dafür ein lautes, aber unfertiges Häuschen, dem überall die Ziegel heraustehen. Und dennoch bin ich dort nicht so verloren wie ichs damals war, als ich in meiner schönen Wohnung zu den Verlierern gehörte.

Als ich noch wandern durfte, da habe ich mein Denken beim Gehn leicht und froh geschwungen wie Arme. Das geht heute nicht mehr. In derselben Nähe wie ich nur noch Schlafende und Tote, steif wie Lebzelte. Bald schlafe ich auch, länger als ichs vorhatte. Fenster putzen, das ist nötig. Wenn sie nur wenigstens einen angemessenen Rahmen hätten! Zeit wärs, daß man sie endlich sieht, die Fenster. Die wollen auch immer was vortäuschen. Am glücklichsten sind sie, wenn man glaubt, es gibt sie gar nicht, weil sie so schön geputzt worden sind. Etwas so lang putzen, damit es scheinbar unsichtbar wird. Das ist meinem Geist doch schon lange eingefallen!

Bemühen Sie sich nicht, wer immer Sie sind, den man nicht anfechten, nur bestechen kann! Der Geist wird jahrzehntelang poliert, nur damit man ihn am Schluß nicht mehr bemerkt. Allerdings sollte man durch ihn dann besonders gut hindurchsehen können, oder? Hier schläft er also auf tiefem Grund, ist er nicht lieb, mein kleiner Kellergeist? Ach, wenn er doch noch mir gehörte! Wem er wohl zugelaufen ist? Stellen Sie sich vor, jemand stellt sich vors Fenster, das er aber gar nicht gesehen hat, und will etwas wollen, von dem er nicht weiß, was es ist. Damit löscht er sich aber aus, denn wer sich erst vorstellen oder als dunklen Abdruck einer scheinbar unfertigen Form vor ein fremdes Fenster stellen muß, der gehört auf keinen Fall zu uns. Die Unsrigen kennen wir alle. Nur wen wir eh schon kennen und wer sich selbst noch weiß, sodaß wir es ihm nicht sagen müssen, der erfüllt die Grundbedingungen, daß er hier Grund erwerben darf. Der Boden wird dann für ihn eigens aufgehackt, damit er sich hineinlegen kann. Dagegen kann sich unsereins nur begraben lassen.

Dieser Boden ist bereits gut zubereitet. Schön durchgebraten. So haben sie ihn bestellt. Jede Bestellung gilt natürlich für mehrere Generationen, wer will denn immer wieder von vorn anfangen. Sie wollen lieber aufbauen. Ich geh jetzt die Almstraße hoch und ziehe eine solide Furche bis zum Eisernen Tor. Das Wesen der Hiesigen wurde einst damit verschlossen, heute steht es wieder allen offen. Damals war auch in meinem Wesen noch Betrieb, als dieses Tor errichtet wurde. Und als der Wasserfall noch in dichten Falten gefallen ist, damit man hinter ihm keine Gestalten durchschimmern sah, die gar nicht da waren. Jetzt sind aber Betriebsferien in der Natur. Fast hätten sie mich zur damaligen Zeit ebenfalls schließen müssen. Denn es war mit mir kein Staat zu machen. So hat der Staat sich halt aus andren gemacht, er sollte ja schließlich einmal fertig werden, das verstehe ich heute aus der Anschauung jenes unfertigen Pappkameraden-Hauses, in dem ich mich derzeit befinde.

Dieser Staat war später betriebsamer, als ich es je gewesen wäre, kein Wunder, daß sie mich nicht an ihrem Herrschaftsplan teilnehmen lassen wollten. Ich sollte Knecht werden und bleiben, als wäre ich tot. Das ist kurzsichtig, denn Tote regen sich nicht, die machen sich die Finger nur mehr an der Erde dreckig. Einer muß aber die Arbeit machen, während der Staat seinen endlosen Verrechnungen nachjagt: Geld gegen Beute und wer sterben soll und wer das nicht muß. Und von wem überhaupt etwas übrigbleiben darf und wer zerstreut wird, leider kommt nichts Besseres nach. Wenn sie sehen, wie schön die Zerstreuung ist, wollen alle es gleich ebenso machen. Wollen nicht mehr beisammen bleiben. Das sagt mir heute mein Einblick.

Will ein Staat lebendig sein, müssen so viele tot sein, wie der Staat in seinem Napf braucht, um groß und stark zu werden. Er hat ja sonst nichts zu fressen außer seinen Nachbarstaaten, und die lassen sich das vielleicht nicht gefallen. Kein Wunder, daß er seine Bürger stiehlt, auch wenn die ihm dann vielleicht fehlen würden zur Zeit der hellsten Helle, zu Mittag, wenn man sie alle auf einmal endlich sehen könnte. Wir haben aber gar keinen Platz bei uns. Sie müssen sich das wie eine Wiege vorstellen, wo das Kind schläft, nein, ich meine eine Waage, auf der das Kind brüllt, weil es nicht zugenommen hat. Gehn die einen auf den Berg rauf, gehn die andren natürlich den Bach runter.

Versaut ist alles von ihren Packungen, die sie, damit sie ihnen guttäten, angebrochen haben, im Glauben, der Wille zur Macht, ihr Hauptgewinn nach tausend Jahren Spiel und für den letzten Einsatz in der Trafik Anstehen, wär diesmal endlich drin. Wenn sie diesen Gewinn hätten kaufen können, dann hätte ja jeder das Wollen jedes andren mitwollen müssen, na servus, die hätten doch alle die bar vorhandenen Verkehrsmittel gestürmt wie ganze Städte! Die Gipfel wären zusammengebrochen unter der List der Menschen, die sich alle ermächtigt gefühlt hätten, nur zu was? Oben zu sein genügt ihnen heute schon. Damals hat es ihnen nicht genügt. Es hätte keiner mehr unten sein dürfen. Wer zurückbleibt, den bestrafen wir! Mir genügts ja heute auch, welchen Aufstieg nehme ich denn?

Ich habe die Wahl, in ein weites Gesichtsfeld hineinzublikken und all die erwartungsvollen Gesichter zu betrachten, die gern selber oben wären. Sie wollen, daß man ihnen die Bahn weist, in die sie einsteigen sollen. Aber fahren darf immer ich, gelt, vorn hinter dem Rad, das ich selber drehen muß, das geht aber schwer. Diese Geheuer! Sie haben, was sie durch Menschenraub geschaffen, durch ihr Werk widerlegt, das immer mehr Menschen für den beschwerlichen Aufstieg gebraucht hat. Sie wurden vergeudet auf dem Weg. Ich habe mich ihnen lieber gleich geschenkt, hatte allerdings nicht die Wahl, denn ich bin damals einfach gestohlen worden vom Land, das meine Sprache spricht wo bist du. Was mache ich mit mir, der ich mir ja nicht mehr gehöre? Kaufen wollten sie nicht, blieb eben nur: schenken. Ins Leere und Unbestimmte hinein, aber ich war für ihr Werk nun einmal bestimmt. Seltsamerweise, indem ich in meinen Möglichkeiten beschränkt wurde. Plastik, Gummi oder das, was man manierlich nicht ausführen könnte: das, was auch Tiere müssen, bzw. was man mit ihnen machen kann, ich will nicht deutlicher werden.

Ein Tier, an einem Bein festgebunden, das war ich. Die meiste Zeit hatte ich etwas zu tragen und zu tun dabei. Den Rest meiner Zeit durfte ich Köder sein, keine Ahnung für wen, aber man konnte sich wenigstens ausruhen dabei. Fangen wollten sie etwas hinter mir, aber es stand halt nie jemand hinter mir. Fleißig sein oder nicht sein! Rassig sein oder verschenkt werden oder gar nicht sein. Häßlich sein: auch nicht gut. Wer soll sich das alles merken, wenn man es doch nicht ändern kann. Dabei hatte ich an mir selbst schon genug zu tragen. Ich gehe jetzt voll Lebenslust. Wo sind meine Socken, damit ich wenigstens meine Füße bewahren kann? Meine liebe Frau hat mir diese Schuhe gestiftet, doch leider hat sie vergessen, mein Ziel mit meinem Lieblings-Kopierstift, den ich bei jeder Gelegenheit zärtlich abzulecken pflege, darauf zu vermerken. Der ist das Haltbarste, was ich besitze, um nicht von der nördlichen Eigentumswand des Lebens gewischt zu werden. Sie hat dieses Ziel immer wieder, seit ich sie kenne, mit kleinen nervösen Strichen sichtbar gemacht, doch da ich die Schuhe an den Füßen trug, ist das Ziel leider immer mit mir mitgegangen und war deshalb absolut unerreichbar. Mußte gehen und gehen. Hat sie natürlich gemerkt und mich zurückgewiesen, zu Recht, ich sollte mir weitere Ziele suchen, dann würde ich selbstverständlich auch weiter gehen können. Das ist es doch, was du willst, oder? Ich meine nicht einfach weitere, sondern Ziele, die weiter weg waren. Die wären aber schon beinahe an Frechheit herangereicht.

Diesen Männern zu widersprechen war wie schlecht Kirschen essen. Die Kerne wurden einem nachträglich von hinten wieder zugeworfen, in den Nackenausschnitt, nachdem man sie schon ausgespuckt hatte. Gutes, taugliches Menschentum werden, farblich passend zum Land, ewig schlammbraun und trocken als Gleicher bittebitte unbedingt als Gleicher wiederkehrend, nur nicht ein fremdes Gesicht auch noch tragen müssen, der Rucksack ist so schon schwer genug! Wenn das Land einen ausspuckt, muß es einen halt immer wieder essen, bis es einen behält. Schlecht gelaunt sitzt es vor seiner Schüssel, die ihm, ein Korb für den Spielball der Gesellschaft, wenn er leer ist, auch noch aufgesetzt werden wird. Dann rinnt einem die Scheiße über die Ohren. Ich hab mich doch nicht getraut, irgendwo einzukehren, nur das nicht, denn es kostet mein Taschengeld, das ich wieder nicht bekommen habe.

Wieso soll ich denn weg? Sie Arzt, Sie sollen sich bitte mir zukehren, und Sie haben sich stattdessen mitsamt meinen Röntgenbildern von mir abgekehrt! Dabei soll man drauf sehen, welche Fjorde in meinem Gehirn schiffbar wären. Und Gott soll auch tot sein? Wie haben Sie denn das wieder gemacht, Herr Doktor? Da wundere ich mich ja selber, obwohl ich so etwas gar nicht gesagt habe, so weit wäre ich persönlich nie gegangen. Ich war immer der, der mit dem Schwamm den Horizont abgewischt hat, nein, ich war der,

der einen neuen Kunststoff für den Schwamm erfunden hat, damit er besonders saugfähig und beständig wird. Nach der Heldenzeit hat er das auch nötig gehabt, sonst hätten am Ende wir das Meer austrinken müssen. Mit meinem neuen Schwamm, der danach auch noch fürs Auto, die Türmatte und die Küchenkredenz reicht, haben wir es bequem mit wisch und weg erledigt. Ein dünner Film bleibt leider, drauf aber nichts zu sehen, nur fettige Schlieren.

Wir Patienten dieses Hauses sind zu unterbelichtet gewesen, das ist eine gute Entschuldigung. Meine Seufzer haben vor dem Putzen ausdrücklich angefragt wo, aber es hat keiner aus dem Haushalt geantwortet, den Loni so straff in der Hand hält wie meinen Schicksalsfaden. Warum soll ich dann überhaupt mit dem Saubermachen beginnen? Wo soll jetzt bitte gewischt und was soll weggemacht werden? Ein Land, wo das Anmaßende die Farbe von Schmutz annimmt, damit es einem von Anfang an vertraut ist. Ich erkenne jetzt das Land ganz genau, obwohl ich kaum mehr etwas kenne, danke, daß Sie es so sonderbar eingefärbt haben, daß alles gleich aussieht, der Küchenfußboden wie die Erde, der Berg wie der Resopaltisch.

Was, Sie wollen ein Vorkehrungsschloß dagegen, aber es ist in dieser Spezialgröße, zu der das Land geschrumpft ist, im Handel nicht erhältlich, bitte direkt beim Erzeuger bestellen? Da muß ich nachdenken. Ich weiß nicht. Sagen Sie es mir, wenn sich ein Denken in mir aufhält! Sagen Sie, wieviel Sie davon brauchen. Danach richtet sich nämlich meine Erfindung. Wo, was und wieviel. Moment, ich kette nur rasch die Erde von der Sonne los, dann ist das Wandern bequemer, und man tritt nicht irrtümlich in die Sonne hinein und verbrennt sich die Schuhsohlen.

Ich habe das alles geschaffen, und das Schöpfen traf ich manchmal auch danach noch recht gut. Aber dann: die Tür. Wer hat meine Tür verschlossen, daß ich jetzt aufs neue den Schraubenzieher holen muß, wo hab ich den nur wieder hingetan? Diese Tür zu öffnen erscheint mir fast so schwierig wie das Meer auszutrinken. Auf dem Bildschirm sieht es so leicht aus, aber in Wirklichkeit ist es schwer, geht nur mit Trick oder Computer. Ich sag Ihnen warum, wem sollte ichs denn sonst sagen und wieso haben Sie heute einen weißen Kittel an? Damit Sie sich von den Schicksalswanderkarten Ihrer Umgebung abheben können und oben liegenbleiben? Es ist deshalb schwer, weil wir uns alle auf der Erde aufhalten, und wenn wir die Erde von der Sonne losmachen, dann ist zuerst das Licht, dann das Blickfeld ausgelöscht, und es gäbe niemanden mehr, der noch wandern wollte, er wüßte ja nicht wohin. Das wird einen Aufstand hervorrufen, und wer steht schon gern auf, was fürs Wandern jedoch unerläßlich ist?

Die Wirklichkeit war ein Weg, den ich wandern mußte, ob ich wollte oder nicht, ein Weg in eine einzige Richtung, die vorgegeben wurde. Stellen Sie sich vor, die Menschheit wird ausgetrunken, anstatt daß sie sich in Ruhe ansaufen darf. Im Austrotakt mußte man fragen, ob man überhaupt noch weiterfahren durfte, ob man jetzt eine Verbindung hatte oder ob schon Endstation war. Oder ob die Fahrberechtigung nicht entzogen war. Was aber keine Frage des Takts, sondern eine der Organisation war, wo wollen Sie Wanderkollege denn hin, Sonne, Horizont oder Meer oder ein gewisser kleiner Ort wir dürfen den Namen jetzt nicht mehr nennen, denn er wurde zu oft genannt? Sie müssen ihn mir trotzdem sagen, wenn ich für Sie die Ansichtskarte kaufen soll, vor der Sie dann hundertmal den Kopf abwenden werden. Schreiben Sie mal ein Buch, Sie werden sehen, daß Sie nicht wissen werden worüber! Sogar Ihr Einkaufszettel macht Ihnen schon Schwierigkeiten.

Also der Mensch ist Ihr Gesichtspunkt? Da gibt es viele. Um Menschen kommt man beim Wandern nicht umhin, man kann ja nicht in sie hineinrennen. Und alle wollen sie fortkommen. Man kommt höchstens um sie herum, wenn man seine Müdigkeiten zu Haus läßt, doch da sind sie wieder, und müde scheinen sie nicht mehr, sie scheinen einem nachgelaufen zu sein, diese Menschen. Kenne leider ihre Namen nicht, vielleicht sinds auch gar keine Menschen mehr. Sie wedeln langsam mit den Schwänzen, scharren auf der Matte, sind erwartungsfroh wie das Denken, das seine Bestimmung sucht und stattdessen eine Zusage bekommt, daß es noch ein kleines Kartenkontingent für Holiday on Ice oder die Donkosaken oder diese tolle irische Tanzgruppe gibt. Jetzt muß man sich entscheiden. So eine schöne Kunst, da muß nicht mehr gedichtet werden, die war schon immer da, glaub ich.

Oder man nimmt einem Menschen seinen Weg weg und schaut dann zu, wie er sich herumirrt. Mit Töten meine ich, daß die Welt von den Menschen vernichtet wird und nicht umgekehrt. Also nicht die Leute werden vernichtet, die sollen ja noch weiter Unkraut vernichten dürfen, um selbst ins Kraut schießen zu können. Die lieben Toten, macht ihnen nichts aus, denn sie sind nicht zunichte gemacht, sondern nur irgendwie, wie soll ich sagen: anders. Sie können ihre Wege nicht vollenden, weil die Füße nicht mehr funktionieren und keine Welt mehr da ist, in die sie gehen könnten. Sonst fehlt ihnen nichts. Grüß Gott, Sie Mann mit der Thermohose und Sie mit dem Rucksack, dem Steinschlaghelm und dem Lawinenschlagstock samt Tiefenmesser, der piepsen kann, ich freue mich sehr, Sie zu sehen. Man trifft hier so selten jemand, wollen wir nicht ein wenig plaudern? Was sagen Sie? Mann, ich find dich Scheiße? Das sagen Sie da vor sich hin oder etwa zu mir? Daß Sie gegen sowas nicht aufstehen, sich nicht verwehren, na sowas, schauen Sie, jetzt rollt Ihr Gesicht wie eine helle Kugel auf mich zu, weil Sie das gesagt haben. Es hat sich von Ihnen losgerissen. Man sollte sein Gesicht wahren, bevor es donnernd gegen all die losgelassenen Kegel kracht, die überall herumtorkeln, na, da fallen sie wenigstens leichter um, finden Sie nicht? Was finden Sie? Etwas, das nicht Ihnen gehört? Mein Leben? Das haben Sie gefunden, und wenn ich noch einen Funken Verstand hätte, dann hätte vielleicht auch ich was davon, bevors weg ist? Mann, ich find dich Scheiße? Das ist also der Gegenstand Ihrer heutigen Ansprache, und Sie glauben, ich wär Ihr heutiger Ansprechpartner? Sie haben mich schon gesucht, um mir das zu sagen?

Ich stelle mir vor, daß ich Sie früher allein mit meinem Denken hätte zum Stehen bringen können, doch heute sitzt mein Denken selber herzlich gern, weil ihm die Füße wehtun. Lieber Mann, Sie sind ein Bad in der Menge, weil Sie einfach überall sind, wie Wasser, kann ich meine Füße nicht ein wenig in Sie hineintunken? Sie glauben eher nicht, weil Sie zu heiß sind, zu lebendig, zu fesch für meine Wanderfüße? Meinen Sie, ich soll weg, damit man Sie und Ihre neue Fleece-Jacke besser sieht? Ich soll dorthin, wo ich nicht bin? Dort wäre ich glücklicher? Schon, weil dann Sie woanders sein würden? Na danke. Sie wollen mich beseitigen, damit Sie Ihren Bestand und ich mir Ihren Beistand sichern kann, aber das geht nur, wenn ich verschwinde? Wie wollen Sie mir denn beistehen, wenn ich weg bin? Wie wollen Sie denn bestehen, wenn ich auf nichts bestehe?

Einer, der nicht weiß wohin und der sich überhaupt nicht mehr auskennt, den kann man seinem Bestand nicht einverleiben, weil er immer wieder wegrennen würde? Wozu brauchen Sie mich denn dann? Sie finden mich doch Scheiße? Sie wollen, um Ihrer eigenen Sicherheit willen, die Herrschaft über so kleine Häuschen in der Wintersonne, die dauernd Frolic essen und davon schon ganz dicke Backen haben, und ich soll jetzt auch dorthin, damit Sie alles unter Kontrolle haben wie Ihr Körper Ihre bodenlose Hose, der er nun in diesem einen großen Augenblick die endgültige Form verleihen soll? Darf ich Ihnen mit meiner Meinung helfen? Sie sollten sich etwas beeilen, denn man sieht die Form derzeit noch nicht einmal im Ansatz. Wie, ich soll endlich in dieses liebe Häuschen hineingehen, das Ihre Eltern in diese süße Mailandschaft hineingebaut haben und jetzt abzahlen müssen, obwohl es erst halb fertig und kaum bewohnbar ist? Stimmt es, daß Sie dort schon siebenunddreißig andre Menschen hineingestopft haben, die, was vom Mund Ihrer Mutter tropft, an den Sonntagen abkratzen und essen dürfen? Und deswegen müssen Sie uns kommende und gehende Menschen, Patienten, Wahnsinnige, Bruder Leichtfüßler vorher unbedingt zur Besatzung Ihres Spielzeugbauernhofs ohne Tiere, ohne Land, ohne Grund machen, weil Sie angeblich nur existieren können, indem Sie die Macht über ein halbes Haus, einen halben Garten, eine halbe Treppe und einen halben Tisch aufrechterhalten, selbst wenn wir alle längst schon umgefallen wären? Fragen über Fragen getürmt. Antworten neben Antworten geschlichtet.

Also mir leuchtet irgendwie ein, daß es praktisch ist, wenn man das Seiende einfach sein Bündel schnüren und, noch warm wie Leberkäs, aber nicht mehr lang, sich in eine Semmel einpacken lassen kann, als gäbe es den an sich Seienden nicht, der einen oder den andren einmal strafen wird, ich bin der Herr dein Gott. Aber, gebe ich zu bedenken: Wollen heißt noch nicht Haben. Das Haus schmilzt dahin, die Schulden jedoch wachsen ewigkeitenweit, wollwestenweich, ziehn dahin wie gemalte Wölkchen. Dieses Haus wird einmal erstrahlen wie all die von Stärkemehl aufgepumpten Jausenbacken unter seinem Dach. Und wenn meine Tante Radeln hätte, dann wär sie ein Omnibus. Erwischen müssen Sie mich erst einmal! Sie Sicherheitsbeschaffer! Was sagen Sie? Die andren trüben Tassen haben

Sie schon alle im Schrank, abwaschen soll sie ein andrer? Nur mich haben Sie noch nicht erwischt? Sie wollen mir die Zähne, haben Sie mich endlich, an den rauhen Stellen rot einfärben, damit ich weiß, wo ich mich putzen soll? Oder haben Sie schon wieder gesagt: Mann, ich find dich Scheiße? Das ist somit der letzte Steinschlag, den ich erhalte, passen Sie doch auf wohin Sie treten, da liegen sie jetzt alle, diese Steine, herum. Und überhaupt. Beim Wandern sollte man nicht gehen, sonst stolpert man noch, und man sollte nicht sprechen, sonst fehlt einem die Luft, wenn man sie für eine Zigarette braucht.

Danke, es geht mir gut. Lachen ist nicht üblich bei mir. Mit Freuen aufs Frühstück fings bei mir an, aber das sollte heute auch nicht mehr mein Weg sein. Ich nehm also den anderen. Dieser Weg wurde mir, glaub ich, eigens hingegründet, ohne daß man mir einen Grund dafür genannt hätte. Wieso ist er aber heute woanders als gestern noch? Ich habe mir damals schon helfen können, so habe ich unter anderem etwas erfunden, damit auch die Treibriemen gehen konnten, das war nun mal meine Liebhaberei: gehen und sich durch nichts gestört fühlen. Die bringen mich um, wenn diese Treibriemen nicht freihändig gehen oder zumindest stehen können! Stehen wär nicht so gut. Daß sie mich umbringen könnten, ist für mich ein Ansporn, gewiß. Die Wahrheit wird oder sie geschieht, aber wer schält sie (damit die anderen sie, so hüllenlos, nicht mehr erkennen und sich sofort eine neue kaufen!) und hebt sie mir auf in meiner Brotdose, diese meine dosenlose, nein, meine brotlose Kunst? Egal. Es war ein Befehl. Also: bitte weiter gehen!

Nach Semperit fahren, eine Firma, die ewig bestehen wird, allerdings in Traiskirchen, das sagt schon der Name. In Traiskirchen geht alles ganz von allein, nur damit es von dort wieder wegkommt. Und ewig singen die Reifen, fort fort wenn möglich, auch sie. Dort läßt der Gummi den Kopf hängen, statt daß er über einen starken und klugen Kopf gestülpt wird. Einsamer Mensch, wo deine Rosen blühn und deine Freunde wandelnd gehn, bis sie alle verschwunden sind. Wo sogar von Postkarten dein Abbild vertrieben wird o Land wo bist du. Wenn er befiehlt, dann stellt der Wille, frei und gelassen wie er ist, vielleicht auch: freigelassen, sich aus dem Setzbaukasten, wo schon viele sitzen müssen, sich ein Ziel zusammen.

So, nun ist das Bilderl fertig, aber der gute Willi merkt, daß er nur sich selbst will und zerfetzt es wieder. Er ist nicht einverstanden mit der Ruhe, die danach herrschen würde, denn alle würden sich selbst beherrschen, und der Willi hätte nichts mehr zum Herrschen übrig. Im Land sind nur mehr die einen und wachsen auf, so, jetzt sind sie beinahe schon groß. Mit einem Tritt zerstört der heiße weiße Riesenwilli das Bild und gibt schon wieder einen neuen, leider wieder einmal recht widersprüchlichen Befehl.

Was soll das heißen, Mann, du bist Scheiße, wo bleibt da der Befehl, was soll ich denn jetzt machen? Es in alle Rinden einschneiden, dieses einschneidende Erlebnis? Es in einen Kieselstein eingraben? Es dem Morgenwind einhauchen zum letzten Mal? Es auf jeden weißen Zettel schreiben, dein ist mein Herz? Loneli. Alle. Achtung. Na schön.

Geh ich halt. Meine Füße zucken schon, eh ich begonnen, sie sind froh zu wandeln, ich bins auch, nein, ich erforsche mich und sehe: mich selbst will ich nicht. Werter Herr Willi, Sie haben in meinem Fall unrecht gehabt, als Sie wollten, daß ich fiel. Man soll sich vielleicht doch nicht selbst zum Willi machen wollen. Oder man sollte nicht weniger als eine Draufgabe zu sich sein wollen, und die womöglich zuerst essen, vielleicht hat man ja später keinen Hunger mehr auf eine anständige, gehaltvolle Menschenflut, in die miteingeschlossen einen die lang ersehnten Verwandten nur ermüden und die lieben Verstorbenen einen mit ihren Bonbonfingern quälen. Weil sie sich im letzten Moment immer wieder zurückziehen, da man schon nach ihnen greift. Man ist ihnen doch schon so nahe gewesen, wieso kleben die nicht besser nach all dem süßen Zeugs, das sie gegessen? Sie wollen einem nicht sagen, wies dort unten ausschaut, obwohl man es doch bald wird selber sehen können.

Dort unten ist vielleicht ein Vogel, wartet darauf, gezüchtet zu werden. Wer zieht nicht gern einen jungen Star heran? Bis daß er spräch die Worte rein und klar, bis er sie spräch mit meines Mundes Klang? Na, wär das nichts? Ich glaube, ein Vogel ist dort unten nicht, der ist dort droben in der Luft, über dem Fluß, mit leichtem Fuß. Jeder andere als ich hat vielleicht das gewisse Etwas, mehr geht in dieses Haus auch nicht hinein, hoffen wir also weiter auf dessen baldige Fertigstellung. Die Kosten dafür werden mir vom Leben abgezogen und aufs Sterben draufgeschlagen. Für jeden ist das Leben eine Reise, für mich ist es natürlich die

Endstation. Ein halber Mensch in einem halben Haus, das von Anfang an nur für eine Familie gedacht war und nicht für diese helle Volksschar, die sich vor den Schneepflug spannt, indem sie die Beine breit macht wie ein Anfänger beim Hangrutschen. Wer tut das heute noch, die Beine spreizen, wenns steil wird? Die Snowboarder müssens nicht, die haben ja nur ein einziges Brett, auf das sie genagelt sind.

Ich hefte stattdessen meine Augen auf den Boden, vielleicht finde ich etwas, das mich bedeckt halten kann. Loni, bewahre mich. Sie merkt nichts von all dem bangen Treiben. Dein ist mein Herz. Was sagt das Gewissen? Woran denkt denn zum Beispiel dieses Sein? An das Anwesen, das es sich erspart hat? Ich will nichts als Loneli, meine Frau und soll es ewig bleiben. Sie ist gewiß ein sehr netter Mensch, und sie will alles von sich selbst, und sie verlangt sich alles ab, damit sie ihre Macht überall im Haus gut verstreben kann. Das räumt keiner so leicht weg, dieses Streben. Es liegt über den Möbeln wie der Staub, in den ich ihr schreibe. Nix Rindenschneiden, gar nicht nötig.

Sie leugnet, daß sie diese Macht erstrebt hat, aber ausbauen tut sie sie täglich mit ihrem hölzernen Herumkommandieren. Sie ist Herrin meiner Möglichkeiten. Aber kaum hatte sie die alle schön beisammen und überlegte, was sie sich dafür kaufen könnte, kamen andere und verfügten über mich. Sie haben meine Frau entmachtet, weil sie bloß nach materiellen Werten dachte. Jetzt kann sie sich mit diesem oder jenem Geld einen solchen Porzellanhund kaufen, den sie im Geschäft gesehen hat, und morgen wird es dann ein adlergroßer Bronzeluster sein. Das darf nicht sein, es bringt auch nichts. Doch wenn sie mich ihr wegnehmen, werde ich nie wieder in die Lebendigkeit meines frohen Wesens gelangen.

Einmal war es beinahe so weit. Auf meinen Wangen müßt mans brennen sehn, zu lesen wärs auf meinem stummen Mund, ein jeder Atemzug gäbs laut ihr kund, daß es keinen weiteren mehr geben würde, nur weil sie auf diesen einen nicht gehört haben würde. Millionen wie ich waren da schon zu gewaltigen Sündern erklärt und bestraft worden. Warum nicht auch ich? Mich hätte man ja gar nicht bemerkt über den vielen! Ich hätte es vielleicht gemerkt, Onkel und Tante, Nichte und Nichtige, aber das wäre auch schon alles gewesen. Die hätten ja viel mehr als viel erreichen können! Das Subjekt wird zum Selbstbewußtsein, das haben sie immerhin für immer bewiesen. Ganz recht. Aber nicht jedes.

Im Geisterhauch tönen die zurück, die mich nicht in der Bahn oder in den Bau mitgenommen haben: dort sind wir, dort wo du nicht bist, sonst wäre ja auch ich nicht. Im Glück. Zum Glück, wohin alles drängt. Also nichts wie weg von ihnen, ich nehme vom Berg aus gesehen den Lokalzug, unten kommen meine Lederhosen heraus, neugierig macht mein Glied seine Übung, die ihm in Fleisch und Blut übergegangen ist. Wenn ich hauche, dann nur in die hohlen Hände, die ich mir an mir selber wärme, ist ja niemand andrer da.

Befehlen ist schwerer als gehorchen, so sagt man sich unwillkürlich, wenn dieser lange schwere Zug an einem vorbeifährt, von nichts als einem Hauch Wasser angetrieben, der oben aus ihm herausquillt, irgendwohin muß ja der Atem, auch wenns der letzte ist. So gehts dahin. Dem Atem ist befohlen worden, sich gefälligst zu verziehen. O weh, in der kalten Winterluft bleibt er noch ein wenig, damit man wenigstens ihm noch etwas nachsieht, aber nichts da, niemand da, er muß gehn wie ich! Na schön. Der Ausführende gehorcht. Er kann ja über sich verfügen, wenn auch weniger als der Befehlende. Der Zug fährt und fährt, ich aber gehe. Wohin.

Im Gehen kann man nicht über sich hinauswachsen, meine Loni würde das ohnedies nicht dulden. Schön einen Schritt vor den andren, wenig froh, aber immerhin. Der Wille übersteigt sich selbst wie einen Zaunkönigstritt auf der Weide. Traurige Tiere drängen sich, wissen schon, sie bekommen nichts zugeworfen, der Gehende kann grad nur sich selbst vor sich hinwerfen. Er ist aber zuwenig erstrebenswerte Beute, um sich nachzusteigen. Der Wille will seinen Willen vom Herrn Oberbefehlshaber, der seinen Befehl hat und natürlich nicht hergeben will, vielleicht kriegt er ja nie wieder so einen. Da ist nun diese mit fremden Urlaubsfotos geschmückte Schrankwand. Menschen in Uniformen. Mädel in Badeanzügen. Wenig Gnade kann man von diesem befehlerischen Herrn erwarten, da geh ich lieber, um keine Dummheiten zu begehen. Damit er nicht auf mich schaut.

Ich gehe also in die Gummifabrik, wo ich meinen müden Kopf in die Hand stütze. Doch keine Sorge, Herr Befehlshaber: All mein Gehen, all mein Streben ist ja noch nicht Wollen, noch nicht mal Wollen. Sie brauchen sich nicht zu sorgen! Was Wille heißt, kann er jederzeit von sich selbst erfahren. Von mir, seinem gehorsamsten Diener, nicht, diesmal nicht, denn ich werde nicht zu Haus gewesen sein, um eurer Raschlebigkeit zu folgen, ich wandere nämlich gern. Ich heiße wie ein Vogel, der neulich ausgestorben ist, Wanderer, und genauso ließe auch ich mich gern ablösen von einem, der das genauso gut machen könnte wie ich.

Um etwas zu wollen, müßte ich leider eine Stufe, diesen einen Tritt überschreiten, zu dumm, jetzt weiß ich nicht einmal mehr, wo ich zuhaus bin, und wenn ich das Haus nicht find, dann auch nicht die Treppe. Einen Tritt finde ich aber immer. Mann, bist du Scheiße, was heißt das. Was heißt dieser federleichte Nylonanorak, was heißen diese Kletterschuhe mit den regsamen Spezialsohlen, was heißt dieser Rucksack mit den fünfundzwanzig Seitenfächern? Sie heißen nichts. Zug fährt ab. Die Bilder sind endlich still. Und überhaupt, noch im Willen des Dienenden find ich in dieser Stille den Willen, Herr zu sein. Das ist nicht auszurotten. Und noch im Willen des Opfers find ich den Willen, nicht Opfer zu sein. Ich sehe das auch an mir. Nur meine Wohnung find ich nicht mehr. Das ist mir jetzt wirklich zu blöd. Ich kann das nicht mehr übersehen, daß ich nichts mehr sehe. Bin an die frische Luft herausgekommen, doch wohin jetzt?

Die ganze Luft ist entwichen, und ich hab sie doch so lang gesucht. Dorthin, wo ich nicht bin, dort kann ich auch wieder nicht hin, obwohl ich es kenne. Muß schon mal dort gewesen sein. Ich weiß ja nicht, wo das ist, wo ich nicht bin. Wär ich jetzt dort, wüßte ich es sofort wieder. Kann mich nur nicht erinnern. So ist mein Ziel unbekannt verzogen. Loneli, hilf mir! Mein bißchen unverdientes Leben hab ich schon tausendmal erfolglos durchsucht. Ich bin beim Wandern zwar ein Bahnbrecher, finde dauernd neue Routen, aber diese Bahn kann nicht einmal ich aufbrechen. Brech ich halt alleine auf, Loni. Nicht immer nur befehlen wollen, sich lieber unauffällig zerstreuen, damit man nicht da ist, wenn der Befehl kommt. Das ist viel besser, ich erklärs dir ja die ganze Zeit, Loni, schau, setz dich in deinem dauernden Befehlen doch einmal in Ruhe mit dem von dir Gewollten zusammen, macht einen Plan, eine Skizze, eine Wanderkarte, denk nach! Du wirst sehen, wenn beides, das Befehlen und das Gewollte, einmal zur Deckung gebracht ist, dann bin ich längst damit durchgegangen und ganz woanders. Du wärst mich los. Ich mein, es müßt in deinen Augen stehn, daß du das willst.

Schau, andres Beispiel: ein Bürgermeister, der ein paar Orte weiter eine neue Straße eröffnet, und dann geht er mit dem durchschnittenen Band einfach fort. Er geht und geht, doch das Band ist nicht lang. Schon fragen etliche Seufzer durcheinander, wo ist endlich das Ende und vor allem wann, damit wir wieder nach Haus kommen? Hat er am Ende nichts als das Band gewollt und nicht die ganze schöne Straße? Ist ja schon gut, die Straße darf er ja auch ruhig im Dorf lassen. Auch das Band gehört ihm nicht, wenn wirs genau nehmen, aber bitte, soll er sichs nehmen. Es wollen Dienende noch jemand haben, der dafür ihnen dient, doch der Gehende hat niemanden, der für ihn geht, er will ja nichts als von allem fortkommen, ohne fortzukommen. Der Herr hat immer sein Fortkommen, der Dienende muß sich darum bemühen, bis seine Seele die öde Christkindl-Uniform auszieht, die Lichter abdreht und ins Schöne fortschwebt. Sollen die Deutschen Herren jetzt aus ihrer Wichtigtuerei herauskommen oder nicht? Wie wird es gewünscht? Kämen sie heraus, könnten sie ein Stückchen mit mir gehn, bitte gern, willst du mit mir gehn, oh wär das schön, das Land, in dem sich Rosen blähn. Ein großes Unrecht, das ihren Köpfen angetan wird.

NACHBEMERKUNG

Diese Texte sind für das Theater gedacht, aber nicht für eine Theateraufführung. Die Personen führen sich schon selber zur Genüge auf. Die Titel der drei Teile: Erlkönigin, Der Tod und das Mädchen, Der Wanderer sind Schubertliedern entnommen, Goethes Erlkönig allerdings hat das Geschlecht gewechselt. Er ist, im ersten Teil, eine berühmte, natürlich tote, Schauspielerin, die, einer alten Sitte entsprechend, dreimal um das Burgtheater herum getragen wird. Sie spricht sozusagen den Epilog zu meinem Theaterstück «Burgtheater», dessen Hauptfigur sie ist, und zwar weil sie eben nicht totzukriegen ist und daher einfach immer weiterredet. Das Seltsame wird, indem diese alte Frau spricht, immer mehr zum Nichtseltsamen, Alltäglichen, alles ist wieder völlig konkret. Der Krieg war das Ende des Unerwarteten, indem er ein Mithandeln (der Soldaten, der Mitläufer, der Propagandaindustrie, deren Vertreterin die alte Schauspielerin war) gewährte, ja verlangte. Der Schrecken ist das konkrete Ende des Seltsamen, Unentschiedenen. Wenn schon dieser zweite Weltkrieg «seltsam» genannt wurde, wie Heidegger eifrig bezüglich seiner Zeitgenossen vermerkt, so muß weiter gesagt werden, daß vielen schon die alleszerreibende Alltäglichkeit auch dieses Seltsame noch in ein Gewöhnliches verwischt hat. Diese Schauspielerin hat die Macht erfahren, sie durfte im eigentlichen Sinn mit-spielen, vor-spielen, und durfte diese Macht, folgen- und konsequenzlos, immer weiter und immer weiter über ihr Publikum ausüben, auch als gar kein Krieg mehr war. Und selbst ein neuer Krieg (vielleicht hat er längst begonnen? Ja, ich sehe, er hat bereits begonnen) als ein ebenso unwirklicher (denn so gut wie niemand wurde ja bisher für Kriege zur Rechenschaft gezogen und bestraft) und nichtseltsamer Vorgang wäre jetzt schon wieder das Normale für viele, er wäre vielleicht sogar «modern» und würde genauso bejaht, ist ja egal. Die Gedanken werden besinnungslos. Das Seltsame wird, da niemand mehr danach fragt, zur Modernität. Alle immer vorneweg! Die Personen dieses Textes sind ihrer selbst gewiß. Selbst das Opfer, der Wanderer, ist es noch, gerade indem er sich selbst längst verloren hat. Doch das, immerhin, weiß er. Wie zum Hohn tragen die einzelnen Textteile Titel von Liedern Schuberts, des, außer dem späten Schumann, nichtsgewissesten Komponisten von allen, der, was er auch sagte, nie sich selbst gemeint hat, aber man schändet ihn nachträglich, indem man ihm nur nach-empfindet und nicht nach-denkt.

Der Mittelteil: «Der Tod und das Mädchen» ist eine Art Zwischenspiel, der Dialog eines Jägers mit Schneewittchen. Es geht um das Wahre, Gute und Schöne, auf das sich viele in der Kunst so gern berufen, um sofort in die Berufung zu gehen, falls ihnen jemand etwas anderes nachweisen könnte. Die Kampfhandlungen ruhen sich aus, der Friede rollt ab wie ein Operationsplan, den Schneewittchen, wie zu einer kosmetisch-kosmischen Operation, einem Lifting, das alle Falten ausradieren soll, mit schwarzen Linien ins Gesicht vor-geschrieben trägt. Nur leider hält sie ihn verkehrt herum, den Plan, aber da er ihr ins Gesicht geschrieben ist, kann sie ihn ohnedies selbst niemals sehen. Man sieht allerdings auch nicht, wer dieses Mädchen überhaupt ist, und so wird es vom Jäger totgeschossen, bevor es noch selber die lieben Zwerge treffen kann, auf die es so scharf ist, weil die selber ziemlich scharf sein sollen.

«Der Wanderer» ist, ähnlich wie im «Sportstück», der Schlußmonolog, ein Text, den mein Vater spricht. Im ersten Teil hat eine Täterin geredet, die eigentlich nie eine sein wollte (aber dann war es doch schön dazuzugehören!), im letzten Teil spricht jetzt ein Opfer, das auch nie eines sein wollte. Die Zeiten, da alle Opfer sein wollen, sollen ja erst noch kommen. Diese Zeiten werden jene ablösen, als niemand gern Opfer gewesen ist. Es geht in jedem Fall darum, seine Sachen in Sicherheit zu bringen. Auch ich plündere also meinen Familienfundus und schenke mir nichts. Wie stolz bin ich auf das Opfer eines anderen! Ich sollte es nicht sein, aber der Schmerz über seine Existenz würde mir fehlen. Die Opfer sind überhaupt so viele, aber ich hab eins ganz für mich allein; sie sind verschwunden oder über die Welt vertrieben, sie üben das Sich Verbergen, damit man sie nicht findet und ihnen den Rest auch noch nimmt, ihre Namen und Zahlen (können schwanken!). Und die ehemaligen Helfershelfer? Ungeduldig kommen sie bis zu dem Tag, an dem nun endlich sie mitsamt ihrem Denken das «Bedrohteste» sind, das «zuerst ausgelöscht» werden wird, wie Heidegger, diesmal im Hinblick auf sich und die Sowjets, in einem Brief von 1950 an Hannah Arendt schreibt. Die meisten Namen und Zahlen können aufgezeichnet werden, oft erst nachträglich, aber immerhin. Es gibt die Denkmäler, und die Inschriften sind noch drauf, wir haben uns darauf geeinigt, daß nicht nur die Geschichte bestimmt, wer auf der einen und wer auf der andren Seite ist. Man muß das Blatt doch nur umdrehn, und schon hat es sich gewendet! Früher Täter, jetzt bereits Opfer, und umgekehrt! Ein Augenblick bestimmt mehr als Jahre der Verfolgung. Das Moralische ist nicht einmal eine Zugabe. Wenn ich von den Opfern spreche, bringe ich zwangsläufig das Gewesene in das, was ist, ein. Ich – ein anderer (Imre Kertész). Man trennt sich von sich, man mußte sich schon von Liebgewordenerem trennen, und daher kann es etwas ganz andres sein, was geschehen ist und wem es geschehen ist. Danach, wenn sie wieder frei auftreten dürfen, lichtet sich langsam das Verbergen der Opfer, doch der Boden unter den Füßen bleibt ihnen weggezogen, sie müssen meist selber wegziehen und werden dafür noch lange in Büchern und Zeitungen erwähnt, wie Präparate auf ihrer Opferrolle fixiert, und diese Rolle ist stets frei zur Entnahme, bitte, bedienen auch Sie sich mit Schicksalen! So zeigen sie endlos den Betrachtern ihre Gesichter (das Verbergen ist ja inzwischen verschwunden, oder könnte man sagen, nicht einmal das ist ihnen gegönnt?), bei Beckett aus der Mülltonne heraus, in die man sie als Asche geworfen hat, oder aber von der Spitze nie hergestellter, aber dafür vieldiskutierter Mahnmäler herunter oder aus Museen, in denen sie auch plötzlich wichtiggemacht worden sind, oder, bei mir zum Beispiel: Im Licht, aus einem halbfertigen Häuschen heraus, mach ich mich selber mit meinem Vater wichtig und zeige Ihnen jetzt dieses eine, mir kaum noch bekannte Gesicht, weil ich es zufällig gekannt habe. Ein alter, geisteskranker Mann, der nichts als wandern wandern kann (wie eine Brieftaub' in meinem Sold – auch von Schubert!) bis zum Umfallen, er betätigt auf seinem Weg die Zeitschranke, damit er hindurchgehen kann, er spricht etwas, aber das meiste bleibt unbegreiflich, wenn man meine privaten Obsessionen und die Geschichte meines Vaters nicht kennt. Wer sollte sie schon kennen? Ich rede und rede. Es gibt für ihn ja doch kein Nachhausekommen mehr, egal was ich tue. Schauen Sie her, ich glaube, genau in dieser Deutungslosigkeit, in diesem Unbegreiflichen, an dieser Scheide zwischen Krieg und universellem Frieden, verschwindet der Unterschied zwischen Tätern und Opfern, der aber ohnedies längst verschwunden ist. Haben wirs doch gewußt! Er verschwindet nicht zuletzt auch in der Person jener, die sich Opferrollen, die bisher nie sonderlich beliebt waren, aber inzwischen eben deutlich im Kurs gestiegen sind, nun nachträglich sozusagen auf den Leib geschrieben haben (vor nicht allzulanger Zeit «Binjamin Wilkomirski», aber auch andere), und daher bleibt auch kein Ort mehr, wohin etwas zu retten wäre. Oder vielleicht ist es auch umgekehrt: die Welt ein einziger Rettungswagen, der ständig dahereilt, bereitgestellt von all den zahllosen Bemühten, die dann aber den Wagen nicht lenken können. Denn alle sind ja längst in diesen Krieg mit einbezogen, den eine Macht führt, die kein Ziel hat, sondern deren Ziel die Ermächtigung ihrer selbst ist und vollstreckt werden will. Sonst nichts. Wer also etwas, und wäre es halt, von mir aus, eine Moral, retten will, verteidigt sich nur selbst. Für diesen Wanderer, der nichts mehr retten will, nicht einmal sich, weil er weiß, daß er das nicht kann, bereitgestellt wurde ein halbes Einfamilienhaus, dessen Besitzer sich an ihm und den übrigen Irren, die darin untergebracht sind, gesundstoßen wollen. Es bleibt der Weg des Wanderers unsichtbar am Boden liegen, der Verstand ist schon länger fort, Widerstand zwecklos. Die Aufdringlichkeit der jeweiligen Moderne, die alles nivelliert hat, jeden Zustand, auch nachträglich noch, in Totalität verwandelt: in ihr ist es auch unwichtig geworden, ob dieser eine Wanderer, als rassisch Verfolgter, für seine Verfolger als Naturwissenschaftler mit Buna und andrem Kunststoff hat arbeiten müssen oder ob er zu diesem Zeitpunkt schon tot gewesen ist, was eigentlich für ihn vorgesehen gewesen wäre. Es ist alles eins. Macht nichts. Die Autorin ist weg, sie ist nicht der Weg.

Elfriede Jelinek

Inhalt

Erlkönigin 5

Der Tod und das Mädchen 31

Der Wanderer 47

Nachbemerkung 85

Elfriede Jelinek

Mit kalter Schärfe analysiert **Elfriede Jelinek** die alltägliche Gewalt an Frauen. «Es gibt Dinge, die werden mir als Frau von den Kritikern nicht verziehen. Es gilt als einer Frau angemessen, hübsch, intelligent, sparsam und sensibel zu schreiben. Aber ein Extremismus in der Schilderung wird mir als Frau nicht zugestanden.» Elfriede Jelinek wurde mehrfach für ihr Werk ausgezeichnet, unter anderem mit dem Heinrich-Böll-Preis (1986) und dem Georg Büchner Preis (1998).

Gier *Ein Unterhaltungsroman*
400 Seiten. Gebunden
Parodie, Porno, Kriminalstück und Abrechnung mit dem Österreich der Anständigen, Fleißigen und Feschen.

Die Ausgesperrten *Roman*
(rororo 15519)
«Es ist bemerkenswert, mit welchem Detailreichtum Elfriede Jelinek die Spielarten kleinbürgerlichen Verhaltens aufzeigt, präzise eingeschrieben in die Zeitgeschichte des österreichischen Wirtschaftswunders.» *FAZ*

Die Klavierspielerin *Roman*
(rororo 15812)
«Eine literarische Glanzleistung.» *Süddeutsche Zeitung*

R. Friedrich / U. Nyssen (Hg.)
Theaterstücke *Was geschah, nachdem Nora ihren Mann verlassen hat oder Stützen der Gesellschaft. Clara S. musikalische Tragödie. Burgtheater. Krankheit oder Moderne Frauen*
(rororo 12996)

Die Liebhaberinnen *Roman*
(rororo 12467)

Die Kinder der Toten *Roman*
672 Seiten. Gebunden und als rororo 22161

Stecken, Stab und Stangl. Raststätte. Wolken. Heim. *Neue Theaterstücke*
(rororo 22276)

Ein Sportstück
192 Seiten. Pappband und als rororo 22593

wir sind lockvögel baby! *Roman*
(rororo 12341)

Lust
(rororo 13042)

Michael *Ein Jugendbuch für die Infantilgesellschaft*
(rororo 15880)

Totenauberg *Ein Stück*
96 Seiten. Pappband.

Oh Wildnis, oh Schutz vor ihr *Prosa*
288 Seiten. Kartoniert und als rororo 13407

rowohlt paperback

Frédéric Beigbeder
Memoiren eines Sohnes aus schlechtem Hause *Roman*
(paperback 23095)
Eine Jugend im Paris der neunziger Jahre: postmoderner Nihilismus, ausschweifender Lebensstil, Eliteausbildung und endlose Nächte in Szene-Bars...

Elfriede Jelinek
Macht nichts *Eine kleine Trilogie des Todes*
(paperback 22683)
«Im ersten Teil hat eine Täterin gesprochen, die nie eine sein wollte, im letzten Teil spricht ein Opfer, das auch nie eines sein wollte. Die Zeiten, da alle Opfer werden sein wollen, sollen ja erst noch kommen.»
Elfriede Jelinek

John Updike
Beck in Bedrängnis. *Fast ein Roman*
(paperback 22718)

Stewart O'Nan
Die Armee der Superhelden *Erzählungen*
(paperback 22675)
In diesen preisgekrönten Erzählungen entfaltet Stewart O'Nan die ganze Bandbreite menschlichen Lebens zwischen Verzweiflung und Hoffnung. «O'Nans spannendes Werk ist zum Heulen traurig und voller Schönheit, seine Sprache genau und von bestechendem Charme.»
Der Spiegel

Thor Kunkel
Das Schwarzlicht-Terrarium *Roman*
(paperback 22646)
Thor Kunkels Roman vermischt Elemente der schwarzen Komödie mit Pulp-Fiction und utopisch-technischer Phantasie zu einem ebenso düsteren wie hellsichtigen Panorama der siebziger Jahre.
Ein Brief an Hanny Porter *Roman*
(paperback 22678)

Virginie Despentes
Wölfe fangen *Roman*
(paperback 22331)
Pauline und Claudine *Roman*
(paperback 22647)

Literatur

Weiter Informationen in der **Rowohlt Revue**, kostenlos in Ihrer Buchhandlung, und im **Internet: www.rororo.de**

Helmut Krausser

Helmut Krausser, 1964 in Esslingen geboren, lebt heute in München. Er war u. a. Spieler, Nachtwächter, Zeitungswerber, Opernstatist, Sänger in einer Rock 'n' Roll-Band und Journalist. (Halb-) freiwillig verbrachte er ein Jahr als Berber. Nebenbei studierte er provinzialrömische Archäologie. 1989 erschien sein erster Roman. Es folgten mehrere Erzählbände, Theaterstücke, Tagebücher und ein Opernlibretto.

Der große Bagarozy *Roman*
192 Seiten mit 8 Fotos.
Gebunden und als
rororo 22479

Spielgeld *Erzählungen & andere Prosa*
(rororo 13526)

Mai. Juni *Tagebuch des Mai 1992. Tagebuch des Juni 1993*
(rororo 13716)

Juli. August. Sepember *Tagebuch des Juli 1994. Tagebuch des August 1995. Tagebuch des September 1996*
(rororo 22335)
«In diesen wunderbaren Skizzen aus dem Intellektuellenleben begegnet man allem, was dieses Leben eben wunderbar macht.»
Die Welt

Oktober. November. Dezember *Tagebuch des Oktober 1997. Tagebuch des November 1998. Tagebuch des Dezember 1999*
(rororo 22888)

Schweine und Elefanten *Roman*
(paperback 22526)

Helmut Krausser /
Marcel Hartges (Hg.)
Das Kaninchen, das den Jäger erschoß *und andere bizarre Todesfälle*
(rororo 22617)

Könige über dem Ozean *Roman*
(rororo 13435)

Fette Welt *Roman*
(rororo 13344)
Fette Welt *Das Buch zum Film. Verfilmt von Jan Schütte mit Jürgen Vogel. Roman*
(rororo 22425)
«Bis zum Finale ist *Fette Welt* ein Roman zum Verschlingen, ein Buch, das in einer mitreißenden Sprache nie ein Klischee bedient.»
taz

Schmerznovelle.
128 Seiten. Gebunden

Weitere Informationen in der **Rowohlt Revue** oder im **Internet:** www.rororo.de

rororo Literatur